PASSIVES EINKOMMEN

GELD VERDIENEN IM INTERNET

Die sieben besten Strategien für ein sechsstelliges Jahreseinkommen

Von Daniel Weiss

© 2019 Daniel Weiss
1. Auflage
Alle Rechte vorbehalten.

ISBN:
9781078267281

INHALT

- 09 **1: Vorwort**
- 15 Was ist passives Einkommen?
- 17 Warum auf passives Einkommen setzen?
- 19 Was benötige ich, um mit passivem Einkommen loszulegen?
- 22 Wann kann ich mit ersten Einnahmen rechnen?
- 23 Was kann ich mit passivem Einkommen wirklich verdienen?
- 25 Special Edition und Zusatzinhalte

- 27 **2: T-Shirt Design mit Merchandise By Amazon (MBA)**
- 29 So funktioniert es: Schritt für Schritt erklärt
- 36 Wichtige Tipps und Tricks
- 38 Alle Vorteile auf einem Blick
- 40 Die Nachteile auf einen Blick
- 41 Zur Vertiefung: Nützliche Tools und Webseiten
- 45 Die Zusammenfassung

- 47 **3: E-Books & Taschenbücher mit Kindle Direct Publishing (KDP)**
- 50 So funktioniert es: Schritt für Schritt erklärt
- 61 Wichtige Tipps und Tricks
- 65 Alle Vorteile auf einen Blick
- 69 Die Nachteile auf einen Blick
- 71 Zur Vertiefung: Nützliche Tools und Webseiten
- 74 Die Zusammenfassung

75	**4: Dropshipping**
78	So funktioniert es: Schritt für Schritt erklärt
83	Wichtige Tipps und Tricks
85	Alle Vorteile auf einen Blick
88	Die Nachteile auf einen Blick
91	Zur Vertiefung: Nützliche Tools und Webseiten
95	Die Zusammenfassung
97	**5: Fulfillment by Amazon – Amazon FBA**
99	So funktioniert es: Schritt für Schritt erklärt
112	Wichtige Tipps und Tricks
117	Alle Vorteile auf einen Blick
119	Die Nachteile auf einen Blick
122	Zur Vertiefung: Nützliche Tools und Webseiten
127	Die Zusammenfassung
129	**6: Online Videokurse – Webinare**
132	So funktioniert es: Schritt für Schritt erklärt
145	Wichtige Tipps und Tricks
150	Alle Vorteile auf einen Blick
152	Die Nachteile auf einen Blick
153	Zur Vertiefung: Nützliche Tools und Webseiten
161	Die Zusammenfassung

163	**7: Affiliate Marketing**
166	So funktioniert es: Schritt für Schritt erklärt
177	Wichtige Tipps und Tricks
179	Alle Vorteile auf einen Blick
181	Die Nachteile auf einen Blick
183	Zur Vertiefung: Nützliche Tools und Webseiten
191	Die Zusammenfassung
193	**8: Bonuskapitel: Airbnb**
195	So funktioniert es: Schritt für Schritt erklärt
199	Wichtige Tipps und Tricks
201	Alle Vorteile auf einen Blick
202	Die Nachteile auf einen Blick
203	Mit Airbnb um die Welt – Der Kurs von Bastian Barami
205	Die Zusammenfassung
207	**9: Schlusswort**

VORWORT

VORWORT

Dieses Buch soll dir dabei helfen, mit funktionierenden, etablierten und skalierbaren Methoden effizient ein passives Einkommen von überall auf der Welt, auch nebenberuflich, aufzubauen. Es gibt sehr viele Methoden im Internet Geld zu verdienen, auch passiv, aber nur die wenigsten davon bringen alle folgend genannten Eigenschaften gleichzeitig mit.

Bei den beschriebenen Methoden in diesem Buch ist mir besonders wichtig, dass:

- du keine besonderen Fähigkeiten oder Abschlüsse brauchst
- du dir fehlendes Wissen in kurzer Zeit selbst aneignen kannst
- du keinen festen Wohnsitz brauchst
- du fast alles automatisieren kannst, durch Tools oder virtuelle Assistenten und dadurch wenig Zeit investieren musst, sobald dein Geschäft angelaufen ist
- du mindestens 5-stellige, bzw. 6-stellige jährliche Gewinne innerhalb von 1 bis 3 Jahren generieren kannst

Um dir hier den Einstieg zu erleichtern, habe ich die besten Methoden ausgewählt und werde dir im Detail erklären, worauf es wirklich dabei ankommt. Dazu gehen wir auch auf die jeweiligen Vor- und Nachteile ein. So kannst du dir von Anfang an ein gutes Bild von den verschiedenen Methoden machen und für dich entscheiden, welcher Weg am besten zu dir und deinem Budget passt.

Außerdem habe ich dir ans Ende eines jeden Kapitels meine Lieblingsseiten und auch die besten Tools als Links hinterlegt. Diese dienen zum einen als Vertiefung deines Wissens und zum anderen, um up-to-date zu bleiben, da sich immer wieder Dinge ändern. Ein Buch kann das in diesem Detailgrad und in dieser Frequenz nicht leisten. Damit du nicht jeden Link hier abtippen musst, habe ich dir auf der Landingpage zu diesem Buch noch einmal alle Links aus diesem Buch (und noch einige mehr) übersichtlich nach Thema sortiert, aufgelistet. So musst du dir nur einen einzigen Link merken. Da alle Zusatzinhalte zu diesem Buch, exklusiv nur für Käufer bestimmt sind, habe ich alle wichtigen Links in das letzte Kapitel des Vorwortes gepackt. Ansonsten könnte jeder durch die „Blick ins Buch" Funktion von Amazon, diese Inhalte auch schon ohne den Kauf sehen.

Ich nenne dir, zur besseren Orientierung, immer mal wieder Preise bzw. Anschaffungskosten für verschiedene Programme, Tools oder Kurse. Die genannten Preise spiegeln den Stand bei der Veröffentlichung dieses Buches wider. Für zwischenzeitliche Preisänderungen kann ich daher keine Gewährleistung übernehmen.

Ich selbst habe Anfang 2018 begonnen mein eigenes Business aufzubauen und es war ein steiniger Weg mit einigen Fehlentscheidungen und Fehlinvestitionen. Zum Glück habe ich inzwischen ein neues Umfeld, welches aus vielen erfolgreichen Online-Unternehmern besteht, die mir bei neuen Projekten mit Rat und Tat zur Seite stehen. Ich bin bereits in vier der hier behandelten Bereiche erfolgreich und der fünfte befindet sich in der Vorbereitung. Wenn alles so weiter geht wie in den letzten Monaten kann ich schon

2020 meinen, inzwischen nur noch Teilzeitjob, an den Nagel hängen und alleine von den passiven Einkommensquellen sehr gut leben und mein eigenes Business mit der gewonnen Zeit noch schneller voran treiben und auf das nächste Level heben.

Viele tausend Euro habe ich bisher in Bücher, Seminare und Online-Kurse gesteckt, von denen mich aber nicht einmal die Hälfte weiter gebracht hat. Ich habe viel Zeit in Dinge investiert, die gar nicht mehr richtig funktionieren, weil die Märkte entweder total überlaufen sind oder mein Vorgehen bzw. die Denkweise falsch war. Deshalb zeige ich dir hier nicht nur die lukrativsten und am besten skalierbaren passiven Einkommensquellen, sondern biete dir zusätzlich mein E-Book „Gründer Kickstart" als kostenlosen Download an, damit du nicht die gleichen Fehler machst wie ich. Wären mir diese Dinge, vor meinem Start bewusst gewesen, hätte ich viel Zeit, Geld und Nerven gespart. Außerdem wäre ich jetzt wahrscheinlich schon so weit, meinen Angestellten-Job zu kündigen. Dieses gratis E-Book gibt es, bis Anfang 2020, exklusiv nur für dich als Käufer meines Buches. Dadurch hast du die Möglichkeit, dir einige Monate Vorsprung zu verschaffen. Den Link zum Download findest du ebenfalls am Ende des Vorwortes.

Als zusätzliches Goodie findest du in der Vertiefung am Ende von manchen Kapiteln zusätzlich, den besten mir bekannten Online-Kurs zu dem jeweiligen Thema. Oft musste ich mehrere Kurse zum gleichen Thema kaufen, bis ich einen gefunden hatte der mich persönlich weitergebracht hat. Einige Online-Kurse gibt es inzwischen leider nicht mehr, deshalb findest du unter anderem bei dem Thema Amazon FBA keine Empfehlung mehr. Die empfohlenen Kurse enthalten viele Stunden Videomaterial mit detaillierten Schritt für Schritt Anleitungen, mit denen man etliche Bücher füllen könnte. Die meisten Links zu den Kursen sind sogenannte Affiliate-Links, was das genau ist, lernst du später noch genauer. Alle Affiliate-Links sind mit einem (*) gekennzeichnet. Insofern du dich für einen der aufgeführten Online-Kurse entscheiden solltest, was ich dir wärmstens ans Herz legen kann, würde ich mich freuen, wenn du diesen über meinen Link buchst, dann bekomme ich dafür eine Provision. Wenn nicht, dann ist das natürlich auch in Ordnung. Das Ganze hat für dich keine Nachteile und kostet, egal welchen Weg du gehst, das Gleiche.

Ich möchte an dieser Stelle noch einmal betonen, du erhältst hier eine genaue Schritt für Schritt Anleitung, WAS du tun musst, um ein erfolgreiches Online-Business zu starten. Du bekommst unglaublich viele wertvolle Tricks und Empfehlungen, die dir viel Lehrgeld ersparen. Alle Tools, die ich hier empfehle, sind die Tools mit denen fast alle erfolgreichen Profis arbeiten. Auch die genannten weiterführenden Links, ersparen dir sehr viele Tage Lebenszeit für die Eigenrecherche. Die beworbenen Online-Kurse sind nur jene, die auch wirklich funktionieren und können dir in kurzer Zeit einen enormen Boost und auch einen riesigen Wissensvorsprung verschaffen.

Was ein Buch nicht leisten kann, ist eine genaue Erklärung, WIE einzelne Dinge funktionieren. Das liegt vor allem daran, dass dieses Buch dann mindestens 10.000 Seiten hätte und es kein Mensch mehr lesen würde. Jeder Mensch hat einen anderen Kenntnisstand und sehr individuelle Fähigkeiten. Manche kennen sich gut mit Werbung aus, andere können gut schreiben und wieder andere sind Designer. Jetzt stelle dir vor, ich würde hier nicht nur das, WAS du tun musst erklären, sondern auch für JEDEN einzelnen Schritt, WIE es genau funktioniert, um allen Zielgruppen gerecht zu werden. Dann müsste ich hier einen Autorenkurs, einen Online-Marketing-Kurs, eine Office-Schulung und vieles mehr integrieren. Somit wären wir dann bei den angesprochenen 10.000 Seiten und einem ganzen Buchband. Die Sache ist aber so, dass viele dieser WIE-Fragen Themen sind, die du sehr einfach outsourcen kannst oder dazu tonnenweise kostenlose Anleitungen und Youtube-Videos im Internet findest.

Was du aber nicht kostenlos im Internet findest, sind eben genau diese Schritt für Schritt-Anleitungen, mit dem WAS du tun musst inklusive meiner persönlichen Empfehlungen, so wie du sie hier in diesem Buch findest. Um dich jedoch nicht mit spezifischeren Fragen alleine zu lassen, habe ich mir für diese Special Edition überlegt, dass ich dir meinen Kontakt zur Verfügung stelle, damit ich dich persönlich betreuen kann. Ich werde mein Bestes geben dir bei kleinen Problemen direkt Hilfestellung per E-Mail zu geben. Komplexere Fragestellungen werde ich als Thema in einem Blogartikel behandeln. Meinen Kontakt findest du ebenfalls am Ende des Vorwortes.

So, jetzt aber genug geredet, lass uns loslegen.

Wenn du mit dem Begriff "passives Einkommen" noch nicht viel anfangen kannst oder neu auf dem Gebiet bist, schauen wir uns einmal an, was es mit dem Ganzen auf sich hat und warum du wirklich davon profitieren kannst.

VORWORT

Was ist passives Einkommen?

Als passives Einkommen bezeichnet man jede Einkommensquelle, bei der wir in einem Zeitraum einen Profit erzielen, ohne in diesem Zeitraum aktiv an der Erwirtschaftung dieses Profits beteiligt zu sein. Ein normaler Beruf gilt als aktives Einkommen, da wir jeden Tag zur Arbeit gehen und unsere Arbeitskraft zur Verfügung stellen, um dafür am Monatsende mit einem Gehalt vergütet werden. Dies stellt für die meisten Deutschen die Norm dar. Auch wenn man mit harter Arbeit in einer zukunftsorientierten Firma eventuell Aussicht auf eine Beförderung hat und ein damit einhergehender Anstieg im Grundgehalt möglich ist, so ist die Vorstellung, damit über "die Mittelschicht hinauszuwachsen" oftmals nicht mit der Realität vereinbar. Ein Großteil des Einkommens der finanziell starken Leute ist nämlich in Wahrheit passives Einkommen.

Wenn du zum Beispiel in die Börse investierst, ist dies zwar zunächst mit Arbeit verbunden, allerdings basiert das Börsengeschäft zum Großteil aus Anlagen, die dann auf lange Sicht Dividenden, also eine monatliche, vierteljährliche, halbjährliche oder aber jährliche Beteiligung an den Gewinnen des Unternehmens ausschütten. Wir legen also am Anfang Geld an, müssen aber nicht 24 Stunden am Tag, 7 Tage die Woche damit verbringen, dieses Geld zu bewegen oder durch aktive Beteiligung zu vermehren.

Die Börse ist natürlich auch mit einem höheren Risiko behaftet. Viele Menschen fixieren sich auf die Börse als eigene Ökonomie und verbringen Jahre mit Recherche und Analyse, bis sie überhaupt ein genaues Verständnis für die Mechanik entwickeln.

Daher wirkt der Börsenmarkt für viele eher abschreckend. Zusätzlich ist die Börse nicht kontrollierbar. Preisschwankungen sind teilweise unberechenbar und können schnell unsere Pläne zunichtemachen. Wir richten uns im ersten Schritt daher an andere Methoden, die leichter umzusetzen sind und mittelfristig viel erfolgreicher sind.

Der wichtigste Unterschied zwischen der Börse und den von mir gewählten Methoden ist, dass letztere rein von der Willenskraft und dem Durchhaltevermögen abhängen.

Das Ziel ist es also, eine Einkommensquelle aufzubauen, die nach anfänglichem Aufwand von unserer Seite autonom arbeitet. Wir wollen uns ein System gestalten, bei dem wir am Ende nur noch wenige Stunden pro Woche investieren müssen, um die Früchte zu ernten.

Warum auf passives Einkommen setzen?

Es gibt viele Gründe, von einem aktiven Berufsleben zu einem passiven Einkommen zu wechseln. Ein Gedanke, den wir wohl alle teilen, ist mehr Freizeit im Leben. Wer berufstätig ist, der verbringt 40 Stunden in der Woche im Beruf. Dabei sprechen wir von einer Vollzeitanstellung, ohne eine einzige Überstunde und An- sowie Abreise mit einzubringen. Wer in einem hektischen Betrieb mit hohem Arbeitsvolumen tätig ist, der hat am Monatsende eventuell 240 Stunden auf der Uhr. Das sind 240 Stunden, die wir nicht mit der Familie und Freunden verbringen können.

Oder du bist Rentner, doch die staatliche Rente reicht vorne und hinten nicht, um mit den steigenden Lebenskosten leben zu können. Ein Problem der Wirtschaft ist, dass Preise stetig steigen, während Arbeitgeber nicht mit steigenden Gehältern gleichziehen. Resultat ist ein wirtschaftliches Ungleichgewicht, dem Arbeitnehmer scheinbar nur entgegenwirken können, indem sie mehrere Jobs gleichzeitig annehmen.

Auch Krankheit und Berufsunfähigkeit können ein Grund sein, sich mit dem passiven Einkommen zu beschäftigen. Oftmals versuchen Krankenkassen, eine Berufsunfähigkeit nicht oder nur unzureichend auszustellen. Man wird zur Arbeitsagentur verwiesen, die aber eine Auszahlung von Arbeitslosengeld ablehnt, mit der Begründung, man sei Arbeitsunfähig und müsse Frührente beantragen. Dann geht man wieder zur Krankenkasse, die weiterhin versucht, die Berufsunfähigkeit herunterzuspielen.

Dieses Problem muss nicht selten in einem wochenlangen Prozess gerichtlich geregelt werden, bis man endlich die ersehnte Unterstützung erhält. Dann stellt man aber fest, dass selbst das nicht ausreicht, um Miete, Strom und Einkäufe zu bezahlen. So muss der Lebenspartner oder die Lebenspartnerin zwei Berufe aufnehmen, um den Haushalt über Wasser zu halten.

All diesen Problemen wollen wir langfristig und am besten frühzeitig mit einem passiven Einkommen aus dem Weg gehen:

- Wir haben mehr Zeit für unsere Familie und unser Privatleben.

- Wir haben mehr Kontrolle über unsere Finanzen und können nach Bedarf ein weitaus größeres Einkommen erzielen, als mit einer generellen Festanstellung oder eventueller staatlicher Unterstützung.

- Wir werden unabhängig von Dritten und setzen unsere eigenen Ziele und Fristen.

- Wir können uns körperliche Arbeiten und Stress ersparen; nur das tun, was wir wirklich wollen.

- Und was mir persönlich sehr am Herzen liegt, wir haben mehr Zeit, Geld und Energie um etwas an die Welt, die Natur und hilfebedürftige Menschen zurück zu geben.

Was benötige ich, um mit passivem Einkommen loszulegen?

Um mit passivem Einkommen langfristig Geld zu verdienen, benötigst du glücklicherweise nicht viel. Die Liste ist überschaubar, benötigt aber etwas Disziplin.

- Ein Gewerbe und früher oder später im Idealfall auch ein Geschäftskonto
- Etwas Startkapital: Je mehr du investieren kannst, desto schneller kannst du auch gut davon leben
- Ein paar Stunden Zeit in der Woche: Auch hier gilt wieder, viel hilft viel
- Einen Computer mit Internet und Basisausstattung, insbesondere Office Paket oder vergleichbare Tabellen- und Textverarbeitungsprogramme
- Recherche- und Kommunikationsfähigkeiten
- Dass am meisten unterschätzte sind Willenskraft und Lernbereitschaft: Wenn dein Warum bereits groß genug ist, wirst du weniger Probleme mit deinem Durchhaltevermögen und deiner Lernbereitschaft haben. Dein Warum ist in der Regel groß genug, wenn dein aktueller Standpunkt, sei es der Beruf, die finanzielle Situation oder die gesundheitliche Verfassung, für dich nicht mehr vertretbar sind. Dein Warum kann auch groß genug sein, wenn du ein Ziel so klar vor Augen hast, dass du dir ein Leben ohne dieses nicht mehr vorstellen kannst. Sollte dein einziger Antrieb nur mehr Geld verdienen sein oder etwas mehr Freizeit haben, dann beherzige bitte die folgenden Zeilen ganz besonders.

Du musst die Willenskraft besitzen, durchzuhalten. Viele Menschen scheitern nicht, weil ihre Idee nicht gut genug ist, oder weil sie einen groben Fehler gemacht haben, nein. Die meisten Leute geben einfach viel zu früh auf. Ruhm und Reichtum kommen nicht einfach über Nacht. Wer sich die Erfolgsgeschichten von Businessriesen wie Bill Gates oder Elon Musk anschaut, der sieht immer nur das Resultat, aber nicht den harten Weg dorthin.

Dadurch setzt du dir selbst aber falsche Erwartungen. Jede Unternehmung, jede Geschäftsidee, jedes Vorhaben ist ein ständiges Auf und Ab, bis es schließlich durchstartet und erfolgreich wird. Was die Spreu vom Weizen trennt, ist IMMER nur, wer aufgibt und wer dran bleibt. Suche nicht nach Ausreden, suche nach Lösungen.

Das beste Geschäftsmodell schlägt fehl, wenn du schon nach kurzer Zeit und einem einzigen Rückschlag das Handtuch wirfst und dein bisheriges Tun infrage stellst.

Um dir einige Fehler und Rückschläge zu ersparen, lade dir unbedingt mein kostenloses E-Book herunter. Hier findest du nochmal 28 Seiten geballte Tipps für deinen erfolgreichen Start: **www.freedom-builder.de/gruender-kickstart**

Ich gebe dir mit diesem Buch bereits die wichtigsten Infos, um durchzustarten. Allerdings ist auch diese Reise ein ständiges Lernen. Du wirst immer wieder neue Methoden entdecken, um deine Gewinne zu maximieren und dein Potenzial auszuschöpfen. Du musst die Lernbereitschaft mitbringen, um deine Fähigkeiten in die richtige Richtung weiter zu entwickeln.

VORWORT

Eine der wichtigsten Persönlichkeiten der modernen Geschäftswelt, Börsenriese Warren Buffet, betont immer wieder, dass die wichtigste Investition, die du tun kannst, die Investition in dich selbst ist. Wenn du deine Fähigkeiten erweiterst, steigerst du damit automatisch deinen Marktwert. Du lernst neue Tricks und Fähigkeiten, die dich weiter nach vorne bringen.

Viele Menschen, vor allem die, die sich jahrelang am Existenzminimum bewegen, entwickeln mit der Zeit automatisch eine sehr subjektive Einstellung zum Thema Geld. Coaching, Bücher, Kurse und kostenpflichtige Weiterbildungen werden oft schon zu Beginn kritisch als Halsabschneiderei betrachtet. Die Betreiber dieser Kurse werden oft als geldgierige Betrüger dargestellt. In Wahrheit sind es viele dieser Menschen aber, die dir sehr detailliertes Fachwissen in ihren spezifischen Bereichen anbieten können. Diese Menschen sind genau dort, wo du hin möchtest! Und weil sie wissen, wie wertvoll ihre Erfahrung ist, lassen sie sich das auch dementsprechend vergüten. Viele Menschen legen ohne zu zwinkern 500 Euro für ein neues Handy oder einen größeren Fernseher hin und es bereitet ihnen Spaß. Viele gute Kurse liegen in einem ähnlichen Preissegment, das nennen sie dann aber Wucher. Dabei vergessen sie, der Kurs bringt ihnen langfristig Zeit und Geld, TV und Smartphone kostet sie noch mehr Zeit und Geld. Natürlich gibt es auch bei Online-Kursen schwarze Schafe, aber wenn du meinen Empfehlungen folgst, musst du nicht das gleiche Lehrgeld wie ich bezahlen.

Wann kann ich mit ersten Einnahmen rechnen?

Das hängt von verschiedenen Faktoren ab, u. A. für welchen Weg du dich entscheidest, ob du Vollzeit berufstätig bist, wie viel Zeit du am Ende wirklich für dein Projekt investierst, wie viel Startkapital und wie viel Herzblut du hineinsteckst.

Wenn du dich komplett auf ein Projekt konzentrierst, zum Beispiel das Kindle-Business, und hart daran arbeitest, dann kannst du schon in 2 bis 3 Monaten deine ersten Gewinne verbuchen. Für viele Leute ist es ein grober Zeitraum zwischen 1 und 6 Monaten, hierbei ist aber zu beachten, dass die Projekte oft erst als Nebentätigkeit langsam aufgebaut werden und dementsprechend zu Beginn länger dauern.

Wer nach dem Prinzip "An ace of all trades, but a master of none" arbeitet und gleich mehrere, grundverschiedene Methoden angehen will, der kann unter Umständen auch 9 bis 12 Monate mit den Vorbereitungen verbringen, bis sich erste Ergebnisse bemerkbar machen. Daher möchte ich hier noch einmal die Wichtigkeit betonen, am Ball zu bleiben. Auch wenn es am Anfang sehr träge erscheint und das genaue Gegenteil von passivem Einkommen ist.

Was kann ich mit passivem Einkommen wirklich verdienen?

Um dir mal eine grobe Übersicht aus meinem persönlichen Umfeld zu geben, in meinem eigenen Bekanntenkreis habe ich zwei extreme. Ich kenne nur eine Person, die unter 10.000 Euro Gewinn im Jahr mit passivem Einkommen erzielt. Das klingt jetzt vielleicht nach wenig, bedeutet aber trotzdem passives Einkommen, also nur wenige Stunden Arbeit im Monat. Das Gegenbeispiel ist zugleich einer meiner besten Freunde und hat bereits 6-stellige Gewinne nach nur zwei Jahren erzielt. Auch da lief es am Anfang nicht rund, aber die Mühe hat sich gelohnt. Wenn es so weiter geht wird er 2020 definitiv 7-stellige Einnahmen fahren.

Ich habe auf meiner Reise zum eigenen Unternehmen viele neue Leute kennen gelernt, mit denen ich mich über die Verdienstmöglichkeiten unterhalten habe. Dabei kristallisierte sich so ein Durchschnittswert heraus, der bei den meisten, die zwischen einem und zwei Jahren dabei sind (ab dem Tag gerechnet, an dem die ersten Einnahmen generiert werden), so zwischen 30.000 und 60.000 Euro Gewinn im Jahr liegt. Das würde ich also auf jeden Fall als anfängliches Ziel einstellen.

Es gibt natürlich noch Sonderfälle. So finden sich im Internet Menschen, die nach nur 3 oder 4 Jahren Umsätze im 8-stelligen Bereich erreicht haben. Es ist natürlich eher die Ausnahme als die Regel, man sollte aber so etwas immer im Hinterkopf behalten. Mit genug Willen, Lernbereitschaft und Schweiß lässt sich auch solch ein Ziel erreichen.

Jetzt geht es aber wirklich los und wir schauen uns die besten Methoden an, mit denen du dir ein passives Einkommen und vielleicht sogar deine eigene Marke aufbauen kannst.

Special Edition und Zusatzinhalte

Alle Links aus diesem Buch und noch einige weitere, findest du übersichtlich sortiert, auf der Webseite zum Buch unter: **www.freedom-builder.de/passives-einkommen**

Dein exklusives gratis E-Book mit essentiellen Softskills für deinen Start, liegt hier für dich zum Download bereit: **www.freedom-builder.de/gruender-kickstart**

Ich bin sehr an deinem Erfolg interessiert und habe zeitgleich mit der Erscheinung dieses Buches, meinen neuen Blog gestartet. Hier möchte ich zukünftig, zusätzlich auf aktuelle Themen und Fragestellungen, für Anfänger und Fortgeschrittene, eingehen. Um zu gewährleisten, dass ich auch die wichtigsten Themen, die dir persönlich am meisten weiterhelfen, identifizieren kann, habe ich mir für diese 1. Auflage etwas Besonderes überlegt, deshalb trägt das Cover auch das Label Special Edition. Du kannst mir gerne deine Fragen an **passiv@freedom-builder.de** senden. Ich werde sukzessive die häufigsten Fragen bündeln und dazu einen Blogartikel verfassen. Kleinere Hilfestellungen versuche ich direkt per E-Mail zu geben. Bitte sieh mir nach, falls ich nicht auf alle Fragen eingehen kann, auch wenn ich mein Bestes geben werde. Dies ist auch für mich ein Experiment und ich weiß nicht ob ich dies in der 2. Auflage noch anbieten kann und werde.

Schaue auch unbedingt in meinem Blog vorbei, hier findest du tolle weiterführende Informationen rund um das Thema passives Einkommen: **www.freedom-builder.de**

2

T-SHIRT DESIGN MIT
MERCHANDISE BY AMAZON (MBA)

T-SHIRT DESIGN MIT MERCHANDISE BY AMAZON (MBA)

"Merch-By-Amazon" ist ein Geschäftsmodell, welches bis vor Kurzem nur in den USA zugänglich war und als Zielgruppe hauptsächlich Entwickler hatte, die mit dem Service Merchandise vertreiben wollen, um ihre Projekte zusätzlich zu fördern und zu bewerben. Allerdings können wir die Plattform auch frei verwenden, um unsere eigenen T-Shirts zu gestalten und zu vertreiben.

Das Prinzip ist recht simpel gehalten. Amazon bietet uns an, T-Shirts nach unserer Vorstellung zu gestalten und an die Käufer auszuliefern. Wir müssen lediglich unser Design zu Amazon hochladen und uns um den Artikel im Onlineshop kümmern. Sämtliche Logistik, wie die Produktion, Logistik und den Vertrieb übernimmt Amazon. Wir bekommen dann für jedes verkaufte Shirt eine Provision ausbezahlt.

So funktioniert es: Schritt für Schritt erklärt

Zunächst musst du dir ein Amazon MBA Konto auf der Webseite einrichten. Wenn du bereits ein Amazon Konto besitzt, kannst du deine vorhandenen Login-Daten verwenden: https://merch.amazon.com

Amazon MBA ist sehr gefragt und eine Anmeldung kann bis zu 20 Versuche und damit mehrere Wochen beanspruchen bis das Konto angenommen wird! Die hohe Nachfrage hat auch dazu geführt, das Amazon neue Nutzer nur nach Einladung genehmigt! Du musst dich aktuell nach jedem abgelehnten Anmeldeversuch mit einer anderen E-Mail-Adresse neu anmelden und wieder alle Daten eingeben.

Lass dich aber davon jetzt nicht abschrecken! Dies gibt dir genügend Zeit, um dich um die rechtlichen Schritte, wie zum Beispiel die Gewerbeanmeldung, zu kümmern. Und um deine Chancen gleich zu heben, kannst du ein paar wirklich beeindruckende Designs vorlegen. Zudem gibt es noch weitere Print-On-Demand Plattformen wo du dich ohne Bewerbung anmelden, und deine Design in der Wartezeit hochladen kannst.

Falls du keine künstlerische Ader hast, investiere etwas Geld in jemanden, der dir deine Designs professionell erstellt. Du kannst mit etwas Zeit bei der Suche wirklich hervorragende Designer für wenig Geld beauftragen. Einige Designer verlangen etwas mehr für ihre Dienste, dies macht sich aber auch direkt in der Qualität ihrer Arbeit bemerkbar.

Weitere Vorbereitungen

Wenn du auf die Bestätigung durch Amazon wartest, kannst du außerdem die Zeit sinnvoll nutzen, indem du genauere Marktrecherche betreibst. Schaue dir genau an, welche Produkte und Designs Interesse zeigen. Nutze dazu die Online-Suchmaschine von Merchinformer (**www.merchinformer.com/merch-amazon-listings**) um gezielt nach Merch-Designs zu suchen. Gebe dort zum Beispiel „Eat Sleep Game Repeat" ein und verschaffe dir einen ersten Eindruck über die Designs. Wichtig ist, dass du die Lieferadresse, in Amazon oben links, auf eine US-ZIP umstellst sonst stimmen die Ergebnisse nicht. Ich gebe immer 10001 für New York ein.

Versuche zu Beginn eine Nische zu finden, in der zwischen 1 und 300 Designs und zeitgleich einige Produkte mit einem Amazon Bestseller Rank (BSR) kleiner 1.000.000 sind. DS Amazon Quick View ist eine kostenlose Erweiterung für Google Chrome, die dir einen super Überblick verschafft, um den BSR schnell zu ermitteln. Wichtig: Der BSR ist sehr dynamisch und Saison- bzw. Jahreszeitabhängig. Shirts dir im Februar einen BSR von 900.000 haben, können im November plötzlich unter 1.000 sinken weil das Weihnachtsgeschäft startet. Es gilt umso niedriger der BSR, desto mehr Sales!

Durch die Kombination aus BSR und Anzahl der Suchergebnisse bekommst du eine gute Übersicht darüber, welche der Nischen eine profitable Nische ist.

Wenn du den amerikanischen Markt anvisierst, dann markiere dir alle US Feiertage auf dem Kalender. Während dieser Tage steigt die Aktivität auf Amazon und anderen Plattformen stark an, außerdem kannst du so spezielle Designs, die auf diese Feiertage zielen, besser vorausplanen und deinen Verkaufsstart mit diesen Tagen synchronisieren. Damit kannst du deinen potenziellen Umsatz gleich von Anfang an maximieren.

Die Designs

Bei der Wahl des richtigen Designs kommt es vor Allem darauf an, das Beste aus vorhandenen Designs zu kombinieren und zu erweitern. Gerade Satire ist stets ein guter Verkaufsschlager und kann frisch auf aktuellen politischen News oder heißen Themen aufgebaut werden. Auch zeitlose und dem Anschein nach unbedeutende Phrasen wie "Got Milk?" haben oft bewiesen, dass gerade junge Menschen solche Designs bevorzugen, um auf humorvolle Art die Aufmerksamkeit auf sich zu ziehen.

Natürlich kannst du dir mit dem T-Shirt Design auch eine eigene Marke aufbauen, wenn du bereits eine andere Methode für passives (oder auch aktives) Einkommen verfolgst und dort ein eigenes Produkt entwickelst. Denn dann kannst du dein Logo, deinen Firmennamen oder andere Eigenschaften auf T-Shirts drucken und als Merchandise vertreiben lassen.

Selbst Youtuber, wie zum Beispiel "Pewdiepie", erzielen durch das Verkaufen von Merchandise mit dem Channel-Logo oder Zitaten aus dem Videomaterial einen Großteil ihrer Gewinne.

Falls künstlerische Gestaltung nicht dein Gebiet ist

Wie bereits vorher angesprochen, musst du nicht zwangsläufig alles selbst gestalten. Wahre Künstler sind rar. Und wenn du ein geniales Logo oder ein tolles Design gesehen hast, dann ist die Chance groß, dass ein professioneller Designer mit der Gestaltung beauftragt wurde.

Der Vorteil ist, dass du die Arbeit einfach an Andere abgeben kannst. Outsourcing, nach dem englischen Begriff, spielt eine zentrale Rolle in allen Industrien. Niemand kann alles perfekt. Und wer viel produzieren will, der muss seine Arbeit an Andere delegieren, damit alles rund läuft. Außerdem möchtest du ja mittelfristig passives Einkommen haben.

Du kannst ganz leicht auf Plattformen wie **upwork.com**, **fiverr.com** oder **99designs.de** einen professionellen Designer finden. Viele Designer haben auch ein Portfolio, auf dem sie ihre bisherigen Arbeiten preisgeben. So kannst du gezielt nach einem Designer suchen, der deinen eigenen Vorstellungen entspricht und deine Vision so umsetzt, wie du es wünscht. Mein Geheimtipp um gute Designer, mit gutem Preis-Leistungs-Verhältnis und häufig sehr guten Englisch Kenntnissen zu finden, ist die philippinische Website **onlinejobs.ph**.

Die Links zu den genannten Seiten, findest du auch auf der Website zum Buch:
www.freedom-builder.de/passives-einkommen

Als einzigen Nachteil des Outsourcings sind die Kosten zu nennen. Wenn du von Anfang an planst, nach Möglichkeit alles mit möglichst geringen Kosten zu erreichen, dann wird es schwierig. Kein Designer wird sein Talent kostenlos anbieten, es sei denn, du hast vielleicht einen guten Designer im Freundeskreis.

Die Preise sind von Person zu Person sehr unterschiedlich und es lohnt sich auf jeden Fall, mit mehreren Designern in Kontakt zu treten und deren Raten zu vergleichen. Viele Plattformen haben auch ein eigenes Wertungssystem, sodass gute Designer schnell an viel positivem Feedback zu erkennen sind.

So kannst du es vermeiden, einen Designer zu beauftragen, der am Ende entweder die Arbeit nicht zeitlich liefert oder aber grundlegende "künstlerische Differenzen" aufweist, d. h. deine Vorstellung nicht so umsetzen kann, wie du es erwartet hast.

Falls du selbst sehr begabt mit Stift und Papier bist

Das wäre für dich beim T-Shirt Design ein guter Vorteil. Du kannst mit einer großen Auswahl an kostenloser und kostenpflichtiger Software schnell deine eigenen Designs gestalten. Im kostenpflichtigen Markt sind Adobe Photoshop und Adobe Illustrator die Branchenriesen.

Wenn du mit kostenloser Software anfangen willst, dann lohnt sich Gimp, ein Open-Source-Projekt, welches schon seit Jahren als "das kostenlose Photoshop" gilt. Es bietet ähnliche Funktionen, die auch das Original von Adobe anbietet.

Gimp ist mit Abstand die beste Alternative zu Adobe Photoshop und hat sich seit Jahren gut bewährt. Das Programm wird immer noch regelmäßig mit Updates und Verbesserungen frisch gehalten.

Eine weitere Alternative, gerade wenn du mit einem digitalen Zeichentablett arbeitest, ist CorelDraw. CorelDraw ist beliebt bei Digital Artists in vielen, auch professionellen, Branchen, wie zum Beispiel der Gestaltung von Concept Art für Film und Videospiele.

Der Start mit Amazon MBA

Du wurdest also ins Amazon MBA Programm aufgenommen und hast auch schon deine ersten Designs vorliegen. Wie geht es nun weiter?

Jetzt hast du bereits eine der größten Hürden gemeistert: Die Vorbereitung. Nun musst du deine Designs nach den Amazon-Vorgaben hochladen, deine gewünschten T-Shirt Farben auswählen und einen Preis festlegen. Amazon hilft dir hier ein wenig bei der Preiskalkulation und bietet eine Übersicht über die Kosten. Allerdings solltest du dich bei deiner Preisentscheidung auch an den Preisen der aktuellen Bestseller orientieren, damit dein Produkt auch problemlos mit etablierten Größen konkurrieren kann.

Wenn du dein Amazon-Listing erstellst, solltest du deinen Titel und deine Produktbeschreibung ordentlich mit relevanten Keywords füttern. Diese dienen Amazon dabei, deine T-Shirts in deren geheimen Algorithmus mit einzubinden und hilft dabei, deine Shirts in den Suchergebnissen der Käufer weiter oben zu listen.

Es ist wirklich wichtig, die Keywords richtig auszuwählen. Denn wenn du zum Beispiel nur "T-Shirt Design" wählst, dann wird dein Produkt nur bei einer Suche, die dieses exakte Keyword verwendet, mit in die Suche aufgenommen. Es ist zudem nicht wirklich spezifisch und wird daher zusammen mit Millionen anderer Designs angezeigt. Es ist nicht genau bekannt, wie der Algorithmus von Amazon aufgebaut ist, aber Anzahl der Verkäufe, Rezensionen und der Zeitraum, in dem diese Wertungen abgegeben wurden, spielen auch eine Rolle.

Dein neues T-Shirt würde dann eine sehr geringe Priorität erhalten, da viele "T-Shirt Design" Shirts mit besseren Werten in den anderen Kategorien Vorrang erhalten. Die Suche wird aber etwas spezifischer, wenn du die Inhalte deines Designs mit in das Keywording einbindest, zum Beispiel "Smiley" und "How was your day?", falls diese Themen Teil deines Designs sind.

Versuche, bei den Keywords einen Mittelwert zwischen den meistgesuchten (BSR) und speziell auf dein T-Shirt zugeschnittenen Keywords zu finden. So wird dein Design sowohl bei Suchen nach den Topshirts berücksichtigt, als auch bei Suchen nach bestimmten Eigenschaften. Hier heißt es ganz klar, lerne von den Besten.

Anfangs kannst du nur 10 Designs zum Verkauf hochladen. Sobald du jedoch 10 Verkäufe hattest, steigt auch dein "Tier", nein, nicht deine animalische Seite, sondern dein Rang nach dem englischen Wort auf 25. Sobald du über Tier 25 herauskommst, kannst du 100 Designs parallel anbieten und damit dann auch deinen Gewinn vervielfältigen. Außerdem wirst du in der Regel ab Tier 100 für AMS freigeschaltet und kannst somit Werbung für deine T-Shirts, auf Amazon Advertising, schalten. Das richtige Geschäft beginnt jedoch erst ab Tier 500 bzw. 1.000. Mein Tipp um möglichst schnell aus Tier 10 und Tier 25 heraus zukommen, lade dir ein Design im deutschen Markt hoch und kaufe es selbst, oder lass es Freunde kaufen. Umso schneller kannst du richtig durchstarten. Beachte, dass du außerdem mindestens 80% der Slots gefüllt haben musst, um auf das nächste Level zu kommen.

Wichtige Tipps und Tricks

Sobald dein Projekt läuft, geht es darum, nach und nach Fehler auszumerzen und es zu verbessern. In unserem Fall heißt das, Designs, die heiß begehrt sind, zu erweitern und zu skalieren.

Du hast sicher schon einmal den Satz "Keep calm and carry on" auf einem T-Shirt oder im Internet gesehen. Der Satz war ursprünglich auf einem Poster von der britischen Regierung zu sehen, hat sich aber innerhalb der letzten Jahre zu einem wahren Trend entwickelt. Nun gibt es unzählige Varianten, wie zum Beispiel "Keep calm and use logic" oder "Keep calm and eat chocolate", der Slogan wurde also "skaliert".

Wenn du ein Motto entwickelst, das du problemlos erweitern oder leicht abändern kannst, dann kannst du diese Alternativen anbieten, wenn dein Original bereits populär geworden ist.

Hast du ein Motiv entwickelt welches sich besonders gut verkauft, kannst du es zum einen nachträglich für ein paar Dollar höher ansetzen und zum anderen zusätzlich mit PPC Anzeigen auf Facebook an die entsprechende Zielgruppe targetieren, um damit deinen Gewinn weiter zu maximieren.

Anfangs wirst du wahrscheinlich erst einmal sehr viele Designs gestalten müssen, bis du ein Gespür für die Zielgruppen entwickelt hast und sich deine Topseller zum Skalieren herauskristallisieren.

Wichtig

Eine wichtige Regel bei der Gestaltung ist, dass du darauf

achtest, keine Copyrights oder Trademarks, also Kopierrechte oder Markenzeichen zu verletzen. So etwas kann schnell zu rechtlichen Konsequenzen führen und Amazon wird dein Nutzerkonto bei mehreren Rechtsverletzungen sperren lassen. Achte also bei der Gestaltung deines Designs darauf, keine Sprüche, Logos, Charakter oder Motive zu verwenden, die in irgendeiner Form geschützt sind. Disney ist da häufig im Mittelpunkt solcher Debatten zu finden. Selbst berühmte Zitate aus Filmen sieht Amazon gar nicht gern auf T-Shirts ohne Lizenz des Urhebers. Als Beispiel wäre da der berühmte „MAY THE FORCE BE WITH YOU" zu nennen, der dank Amazon Merch's Zero-Tolerance Politik schon einige Leute den Account gekostet hat – zumeist lebenslänglich wohlgemerkt, da du dich mit deiner einmaligen Steuer ID dort registrierst.

Für Event- und Feiertagsspezifische Designs

Solltest du dich dafür entscheiden, ein Design nach einer Vorlage für einen bestimmten Feiertag, wie zum Beispiel dem "Independence Day" oder dem "St. Patrick's Day" anzubieten, dann fange mit dem Verkauf nach Möglichkeit bereits 50 bis 70 Tage früher an, damit Amazon genügend Zeit hat diese richtig zu ranken und deine potenziellen Kunden genügend Vorlauf haben um deine Shirts zu bestellen. Außerdem sollen sie ihre Ware auch rechtzeitig erhalten und deine Designs am großen Tag tragen können. Wenn du den Verkauf zu spät startest, werden viel weniger Leute einen Kauf tätigen, da das Produkt zu spät beim Kunden ankommen würde oder viele bereits ein Shirt gekauft haben. Außerdem wird das deine Stornoquote erhöhen, weil die Shirts dann nach dem Feiertag einfach unbenutzt wieder zurück an Amazon geschickt werden.

Alle Vorteile auf einem Blick

Nötiges Startkapital und Risiko sind sehr gering

Die einzigen Kosten, die hier entstehen sind eventuelle Kosten für ein professionelles Design von einem Digital-Artist, oder aber Anschaffungskosten, falls du dich für ein kostenpflichtiges Grafikprogramm entscheidest. Diese Dinge sind aber mehr oder weniger optional, da du dich auch mithilfe von kostenloser Software selbst an deine Designs wagen kannst. Außerdem sind auch professionelle Designs eine Einmalzahlung. Du behältst alle Rechte am Design und kannst es nach Belieben kommerziell weiterverwenden.

Der Start ist sehr leicht

Du brauchst nur die ersten Designs für deine T-Shirts und die Aufnahme in das Amazon MBA Programm. Dann stellst du dein designtes T-Shirt auf der Plattform ein, ähnlich wie ein regulärer Amazon Artikel oder ein Ebay Angebot. Von da an übernimmt Amazon alles Weitere. Du kannst natürlich mit Marketing und Werbung deinen Verkauf pushen und durch mehr Vielfalt dein Angebot erhöhen, aber Logistik und Vertrieb, von der ersten Bestellung bis zur Lieferung beim Kunden, übernimmt Amazon vollständig.

Großes Potenzial für Expansion

Da du wie bereits erwähnt alle Rechte an deinen Designs behältst, kannst du diese nach deinem Start auf Amazon MBA auch auf anderen Plattformen anbieten, um damit deine Marktpräsenz und deinen Umsatz weiter zu steigern.

Weitere Anbieter, die ähnlich wie Amazon MBA funktionieren, sind zum Beispiel Spreadshirt, Shirtee, Redbubble, Teezily, Teepublic, Teespring und Etsy. Ich empfehle dir hier insbesondere Spreadshirt Deutschland, Teezily, Redbubble und Shirtee. Diese vier Plattformen generieren nach Amazon.com die höchsten Gewinne. Du kannst deine Designs außerdem auf Tassen und andere Merchandise Artikel drucken.

Tipp – der neueste Trend aus den USA: Die Designs als Buchcover für Notizbücher zu nutzen. Dazu musst du dich allerdings auf Amazon KDP anmelden.

Rein statistisch betrachtet bringt Amazon ein größeres Volumen, ein breiteres Publikum und damit auch bessere Verkaufszahlen mit sich. Es lohnt sich aber dennoch, deine Designs auch auf anderen Plattformen anzubieten, da sich dort auch andere Zielgruppen bewegen, was wiederum bedeutet, dass Shirts die sich auf Amazon nicht verkaufen, dort plötzlich zum Bestseller werden können.

Die Nachteile auf einen Blick

Natürlich hat der Vertrieb von selbst-gestalteten T-Shirts nicht nur Vorteile gegenüber anderen Methoden zu passivem Einkommen.

Große Konkurrenz

Tausende von neuen Designs kommen täglich in die Onlineshops, viele Designer wollen mit ihrer eigenen Kreativität den großen Durchbruch schaffen oder neben ihrem Hauptberuf mit freier Gestaltung ein Nebeneinkommen aufbauen. Das heißt nicht automatisch, dass Du als Neueinsteiger keine Gewinne erzielen kannst. Es kommt einzig und allein auf dein Design und die Vermarktung an. Eine pfiffige Idee kann Gold wert sein und sich schnell vom Rest abheben. Bei allen Methoden, mit denen man passives Einkommen generieren kann, gilt jedoch folgende Faustformel: Einstiegshürde gering, sprich wenig Startkapital und Zeitaufwand plus Risiko gering, ist gleich viel Konkurrenz. Ausnahmen bilden hier ganz neue und unbekannte Geschäftsmodelle, hier braucht es erst eine Zeit bis sich die Lukrativität herum gesprochen hat.

Es wird schnell zur Fließbandarbeit, um diese Geschäftsform 6-stellig zu skalieren

Auch wenn du mit dem Verkauf deiner Shirts im Durchschnitt mehrere Tausend Euro im Jahr erwirtschaften kannst, ist hierbei vor Allem das Volumen entscheidend. Du musst viele Designs anbieten, um auf lange Sicht große Verkaufszahlen zu erreichen. Es kann daher zu einem Vollzeitjob ausarten, wenn du stets vorne im Markt mitziehen willst.

Zur Vertiefung: Nützliche Tools und Webseiten

Es gibt im Internet unzählige Seiten und Ressourcen, die sich mit dem Amazon MBA Geschäft auseinandersetzen und Hilfsmittel, die dir dabei helfen können, deine Vision zu verwirklichen. Leider kann es mitunter Tage dauern, gute Quellen zu finden. Oft findet man vielversprechende Seiten, die sich dann hinter einer Paywall, also einer kostenpflichtigen Mitgliedschaft, verstecken. Ich habe nach langer Suche die besten Ergebnisse hier aufgelistet und gebe dir auch eine Kurzbeschreibung zu den jeweiligen Inhalten. So hast du alle nützlichen Links auf einen Blick.

Public Domain Vectors
https://PUBLICDOMAINVECTORS.ORG

Publicdomainvectors bietet dir eine Auswahl von über 50.000 Vektorgrafiken in allen Bereichen, die du kostenfrei auch für kommerzielle Nutzung verwenden, oder einfach Inspiration aus ihnen ziehen kannst.

Open Clipart
https://openclipart.org

Openclipart ist eine weitere Seite, die dir eine Auswahl an kostenlosen Grafiken in verschiedenen Bereichen bietet. Auch hier sind die Grafiken zur freien Nutzung freigegeben und du kannst in der Regel komplette Grafiken oder Teile in deinen Designs verwenden. Achte immer darauf, dass die Lizenzen POD (Print on Demand zulassen).

Passive Shirt Profits
https://passiveshirtprofits.com

Passiveshirtprofits.com ist ein englischsprachiger Blog, gehalten von Lisa Irby, einer Entrepreneurin, die seit 2011 mit Print On Demand, dem Vertrieb von bedruckten T-Shirts ihr Einkommen generiert. Dabei ist sie sehr offen und erklärt den langen Weg, von ihren ersten Shirts, bis hin zu ihrem wirklich gut laufenden Geschäft. Sie legt auch ihr Einkommen offen, um eine genaue Einsicht zu geben. So hat sie im Februar 2018 einen Umsatz von 3683.41 US-Dollar in nur 7 Tagen erzielt! Du kannst auf ihrer Seite viele Informationen zu ihrem Start und den Schwierigkeiten finden. Sie hat auch Video-Podcasts, auf denen sie verschiedene Themen mit noch mehr Liebe zum Detail erklärt.

MerchPursuits.com
https://merchpursuits.com

Ein weiterer englischsprachiger Blog von einem IT-Manager, der sich auf das Print On Demand Business fokussiert hat und seitdem ein wirklich gutes Portfolio aufweisen kann. Er bietet auch zahlreiche Updates, zu seinem persönlichen Unternehmen, sowie neue Tipps und Tricks, die er im Laufe seiner Onlinekarriere entdeckt hat.

MerchInformer
https://merchinformer.com

MerchInformer.com ist ein vielfältiges Tool, mit dessen Hilfe du viele Bereiche deines zukünftigen Business vereinfachen und erweitern kannst. Die Kernfunktion des Tools ist es profitable

Nischen zu finden, es bietet dir aber auch Marktanalysen, Trademark Checks, Trendanalysen, erweiterte Suchfunktionen sowie Preis- und Verkaufsanalysen an.

Trademarkia
https://www.trademarkia.com

Trademarkia.com ist eine umfassende Suchmaschine, um nach Markenrechten- und deren Verletzungen zu suchen. So kannst du sicher gehen, dass keines deiner Motive, Marken oder Ideen bereits vorhandene Rechte verletzt. Wenn du eigene Marken anmeldest, kannst du hiermit auch gleich dafür sorgen, dass niemand deine Rechte verletzt und dein Material nicht ohne deine Erlaubnis verwendet.

Merchbuddy
https://gumroad.com/l/Merch-Buddy

Merchbuddy ist eine Google Chrome-Extension, die du mit deinem Amazon MBA Konto verknüpfen kannst, um deinen Prozess zu streamlinen und zum Beispiel das Einstellen von neuen Artikeln flüssiger und schneller fertigbringen kannst. Es hilft zum Beispiel beim Kopieren deiner Keywords, Titel, Beschreibung und weiterer Dinge, damit du nicht 20 verschiedene T-Shirts von Hand eintragen musst.

Teemoney von Daniel Gaiswinkler*

Der beste Print on Demand Online-Kurs auf Erden! Daniel ist ein ehemaliger Postbote der inzwischen 6-stellige Einnahmen im Jahr, mit dem Verkauf von Print on Demand Produkten hat. Sein Online Kurs ist extrem detailliert und vielseitig. Der Kurs wird regelmäßig aktualisiert und ist in mehrere Themen unterteilt. Die Themen wiederum enthalten mehrere Module mit einzelnen Kapiteln.

Die Themen sind die Grundlagen, die wichtigsten Print on Demand Plattformen, Design und Recherche, organisches Marketing, bezahlte Werbung, Outsourcing und ein Bonus Kapitel. Danach bleiben keine Fragen mehr offen und du bist absolut Sattelfest.

Der Kurs ist bei seinen Teilnehmern sehr hoch im Kurs und wird gerne weiter empfohlen. Viele hundert Menschen haben ihm die finanzielle Freiheit zu verdanken.

Aber am besten überzeugst du dich selbst:*
www.freedom-builder.de/teemoney-kurs

> Diese und noch einige weitere Links findest du, übersichtlich sortiert nach Thema, auf der Webseite zum Buch unter:
> **www.freedom-builder.de/passives-einkommen**

Die Zusammenfassung

Die Anmeldung beim Amazon MBA Programm ist für den Anfang der zeitaufwändigste Schritt. Du solltest also für den Zeitraum von deiner Anfrage bis zur Bestätigung von Amazon 2 bis 3 Monate einplanen. In dieser Zeit kannst du dich um die Gewerbeanmeldung und erste Marktforschungen kümmern, sowie deine ersten Designs erstellen oder erstellen lassen. Außerdem nutze die Zeit um auf anderen Plattformen erste Erfahrungen zu sammeln. Sobald deine Anmeldung bestätigt ist, kannst du deine Designs bei Amazon hochladen. Sie sind innerhalb eines Tages für den Verkauf verfügbar und Amazon kümmert sich sowohl um den Druck, als auch den Vertrieb und den anschließenden Kundenservice.

Rein theoretisch könntest du das Ganze auch für 0 Euro starten, es lohnt sich aber, ein Startkapital zwischen 400 und 800 Euro einzuplanen, welches du je nach Bedarf entweder für Software, professionelle Designer oder den Online-Kurs nutzen kannst, damit du dir hier einen Vorteil verschaffst.

3

E-BOOKS UND TASCHENBÜCHER MIT KINDLE DIRECT PUBLISHING (KDP)

E-BOOKS UND TASCHENBÜCHER MIT KINDLE DIRECT PUBLISHING (KDP)

Eine weitere Methode, die im Kern dem Vertrieb von T-Shirt Designs ähnelt, ist der Verkauf von E-Books. Anstatt Designs zu gestalten und diese dann über Amazon und andere Anbieter zu vertreiben, fokussieren wir uns hier auf den Verkauf von Büchern. Dabei haben wir eine breite Auswahl an Themen und Gebieten. Auch wenn Einige denken, dass das Lesen von Büchern an Interesse verloren hat, so ist nach wie vor das Gegenteil der Fall.

Es werden tagtäglich Millionen von Büchern vertrieben. Aus Kostengründen ist ein Großteil davon der digitale Vertrieb. Auch hier hat Amazon wieder ein System entwickelt, um den Einstieg und Zugang leichter zu machen und auch neuen Autoren die Möglichkeit zu bieten, mit ihren ersten Büchern durchzustarten.

Bekannt als "Kindle Direct Publishing", bietet Amazon eine Plattform, auf der du ganz einfach deine eigenen Bücher für das Kindle-Format hochladen und dann als E-Book zum Kauf anbieten kannst. Dies hat neben der Einfachheit des Systems noch einen weiteren, entscheidenden Vorteil: Beim traditionellen Publishing eines Buches behält der Publisher, also Verlag, teilweise bis zu 90 % des Umsatzes ein. Amazon bietet mit dem Kindle Direct Programm an, bis zu 70 % der Royalties (Tantiemen) an den Autor auszuzahlen.

Dazu kommt, dass beim traditionellen Publishing ein langer Weg notwendig ist, bis das Buch dann tatsächlich im Regal landet. Die Autorin J.K. Rowling, bestens bekannt für ihre Arbeit an den "Harry Potter"-Romanen, hat nach eigenen Angaben 13 Verlage kontaktiert und wurde von allen abgelehnt, bis sich endlich der Bloomsbury Verlag dazu entschloss, ihr erstes Harry Potter Buch zu veröffentlichen. Es gibt ein ganzes Regelwerk dazu, wie und wann man einen Verlag richtig kontaktiert, was für Material man senden soll und wie es aufgebaut sein muss, damit es überhaupt in Erwägung gezogen wird, das gesandte Material genauer zu betrachten.

All dieser Stress bleibt dir durch KDP erspart. Der Nachteil ist, dass du für das gesamte Marketing allein verantwortlich bist. Amazon bietet dir einige Optionen wie zum Beispiel Amazon Select an, um dein Buch zu promoten, aber zum Großteil musst du die Werbetrommel selbst rühren, damit genug Leute auf dein Buch aufmerksam werden.

So funktioniert es: Schritt für Schritt erklärt

Zunächst musst du dir bei Amazon KDP (https://kdp.amazon.com/de_DE/) ein Nutzerkonto einrichten. Im Gegensatz zu Merch by Amazon gibt es hier keine Wartezeiten oder Bewerbungsverfahren. Zumindest noch nicht.

Nun kannst du theoretisch bereits damit beginnen, deine Bücher hochzuladen und zum Verkauf anzubieten. Da allerdings noch mehr dazu gehört, gehen wir einmal etwas genauer darauf ein, wie wir denn genau ein Buch schreiben (oder noch besser, schreiben lassen).

Es bietet sich auch hier wieder an, mit dem Amazon Bestseller Rank (BSR) ein wenig Recherche zu betreiben. Schaue dir die Kategorien an, die dich persönlich interessieren und in denen du dein eigenes Buch veröffentlichen möchtest. Schaue dir die Bestseller an, lies in den Kundenwertungen, was die Leser mögen und was eher negativ aufgenommen wurde. Schaue dir auch Bücher an, die zwar gut bewertet sind, aber noch wenige Verkäufe haben. Das sind Bücher, die noch keinen Bestseller-Status haben oder von neuen, noch unbekannten Autoren veröffentlicht wurden.

Denn es bringt uns nichts, wenn wir einen Roman schreiben wollen und uns dann ganz auf "Harry Potter" und "Der Herr der Ringe" fixieren, während wir unsere eigenen Ideen formen. Diese Erfolgsgeschichten stellen nicht unbedingt die Norm dar und es gibt weitaus weniger erfolgreiche Bücher, die aber von einem finanziellen Standpunkt aus betrachtet, als Erfolg zu werten sind.

Das richtige Thema finden

Du kannst natürlich jedes Thema aufgreifen, das dich interessiert. Es kann hier aber von Vorteil sein, wenn du Fachkenntnisse in einem Bereich hast, denn Wissen und Erfahrung lassen sich immer gut vermarkten. Ein gelernter Kfz-Mechatroniker zum Beispiel kann einen ausführlichen Ratgeber zur Fahrzeugreparatur erstellen, um auch Laien eine Einsicht in die Praxis zu ermöglichen und sein Wissen so passiv zu einem Einkommen zu transformieren.

Auch dabei sind dir keine Grenzen gesetzt, da viele Leute Interesse an Ratgebern zu fast allen Bereichen zeigen. Egal ob Gesundheit, Finanzen, Reisen, Ingenieurswesen oder Natur, man kann zu fast jedem Thema eine Unmenge von Ratgebern finden, die sich alle ergänzen.

Das Buch schreiben (lassen)

Sobald du dich für das Thema deines Buches entschieden hast, kommt der wichtigste Schritt: Das Schreiben.

Hierbei hast du 2 Möglichkeiten:

Du kannst das Buch selbst schreiben. Alles was du brauchst, sind ein Computer und die passende Software. Microsoft Word ist der Standard, du kannst aber auch die WPS Office Suite nutzen, falls du keine Lizenz für Microsoft Word besitzt. Es ist eine kostenlose Alternative, die von den Funktionen her Microsoft Word sehr ähnelt.

Die zweite Methode ist die Nutzung von Ghostwritern. Ghostwriter sind Autoren, die dein Buch für dich schreiben. Dabei treten sie alle Rechte des Buches nach Abschluss des Vertrages an dich ab, so dass es rein rechtlich hundertprozentig dir gehört. Auch werden Ghostwriter nicht namentlich genannt, sodass auf deinem Buch am Ende wirklich nur dein Name bzw. wenn du möchtest dein Pseudonym steht.

Mit einem Ghostwriter in Kontakt treten

Das ist leichter getan, als du vielleicht denkst. Du kannst auf verschiedenen Plattformen, wie zum Beispiel **textbroker.de**, **upwork.com** oder **content.de** mit Freelancern in verschiedenen Bereichen in Kontakt treten. Auf diesen Portalen findest du viele Autoren, die sich aktiv um angebotene Jobs in allen Bereichen bewerben. Du kannst aber auch direkt mit den Autoren in Kontakt treten, die dich mit ihrem Portfolio und bisherigen Rezensionen beeindrucken konnten.

Dabei schwanken die Preise für ein Buch je nach Autor, Komplexität des Buches und deinen eigenen Verhandlungsfähigkeiten. Als Durchschnitt werden oft 2-3 Cent pro Wort angegeben, einige zahlen mehr, andere weniger. Hierbei ist nur zu beachten, dass du für eine kleinere Rate vor allem Neulinge anziehst, die eventuell nicht genug Erfahrung mitbringen oder Fehler machen, die du am Ende selbst beheben musst. Autoren mit einem höheren "Wert" überspringen für gewöhnlich Jobs, die ihrer Meinung nach unterbezahlt sind.

Ein durchschnittlicher Ratgeber hat im Schnitt eine Länge von 10.000 bis 15.000 Worten, einige Ratgeber sind etwas ausführlicher und können auch bis zu 20.000 oder 30.000 Worte aufweisen. Der Ratgeber in deinen Händen ist noch umfangreicher und hat über 35.000 Wörter. Zum Vergleich: Ein Roman hat mindestens 40.000 Wörter, um als solcher klassifiziert zu werden. Stephen King's "Es" hat einen Wordcount von über 445.000 Wörter.

Wenn du also 2 Cent pro Wort für einen Ratgeber mit 15.000 Worten bietest, zahlst du am Ende ca. 300 Euro für das Buch.

Das mag jetzt vielleicht etwas happig klingen, ist aber eine lohnenswerte Alternative, wenn du selbst nicht so begabt beim Schreiben bist. Auch viele große Autoren verwenden ab und an einen Ghostwriter, einfach, weil sie zu beschäftigt sind, um sich selbst voll auf das Buch zu konzentrieren. Und wenn sich das Buch gut verkauft, holst du diese Ausgaben mit dem Umsatz innerhalb eines Monats wieder rein.

Das Buchcover gestalten

Ein gutes Cover ist das Aushängeschild für dein Buch. Wer viel Marktforschung betreibt, der wird feststellen, dass viele Autoren, gerade jene mit guten Erfolgen, viel Wert auf das Cover ihrer Bücher legen. Dies ist auch in anderen Medien zu finden, so sind zum Beispiel Filmposter nach einem bestimmten Schema gehalten. So findet sich fast immer ein Fokus, ein Kontrast, in der Gestaltung des Bildes.

Während der Großteil des Posters ein paar schwächere Farben verwendet, so ist zum Beispiel die Hauptfigur im Zentrum mit einem Kontrast dargestellt. Zum Beispiel ist eine bläulich wirkende Stadt im Hintergrund zu sehen, während der Held in einer roten Jacke im Mittelpunkt steht.

Auch immer wiederkehrende Motive werden verwendet, um eine bestimmte Zielgruppe anzusprechen. Und das mit Erfolg. Die "Twilight"-Buchreihe von Stephenie Meyer zum Beispiel verwendet auf allen Buchcovern einen Kontrast von Schwarz zu Rot und Weiß. Im ersten Buch war ein Apfel, gehalten von zwei Händen zu sehen. Im zweiten Buch war es eine Weiße Blume, deren Blüten teilweise blutgetränkt wirken. Im dritten Buch wurde der Kontrast beibehalten und man sieht ein rotes Band vor demselben, schwarzen Hintergrund.

Auf den ersten Blick mag sowas nicht bedeutend erscheinen, allerdings sind sich Marktforscher einig, dass solche Bilder Emotionen hervorrufen und dem Leser ein Gefühl von Verbundenheit vermitteln. Falls dich eher Ratgeber interessieren, so findest du auch da etliche Gemeinsamkeiten, was das Buchcover betrifft. Diese sind oft simpel gehalten, mit einer einzigen Farbe, die dann durch einen clever gewählten Titel im Mittelpunkt untermalt wird. Dabei spielt vor allem auch der Font eine große Rolle. Oft werden Präpositionen klein gehalten, während Nomen mehr herausstechen und einen Großteil des Covers einnehmen. Auch kleine visuelle Anekdoten können humorvoll das Thema des Buches unterstreichen.

Der New York Times Bestseller "Made to Stick", ein Buch über den Unterschied zwischen guten und schlechten Ideen zum Beispiel, verwendet einen Streifen Duct Tape unter dem Wort "to", um eine stärkere Betonung auf "Stick", also kleben bleiben, zu legen.

Das Buch hochladen und das Listing erstellen

Wenn du das Buch als formatierte doc- oder docx-Datei und dein Coverdesign als jpg vorliegen hast, kannst du das Buch jetzt bei Amazon hochladen und dein Listing erstellen. Achte hierbei darauf, dass das Listing den gleichen Buchtitel trägt, wie das Buch. Das mag vielleicht logisch erscheinen, allerdings kann es hier häufig zu Tippfehlern kommen, die sich direkt negativ auf dein Erscheinen als Autor auswirken können. Kontrolliere daher genau, dass alle Daten stimmen und sich keine Fehler eingeschlichen haben.

Für das erste Buch solltest du aufgrund fehlender Popularität einen niedrigeren Listing-Preis wählen. Natürlich möchten wir alle gerne einen Bestseller für 15-20 Euro verkaufen. Da aber noch niemand dich kennt, werden Leser bei einem unbekannten Buch für einen Preis von stolzen 15 Euro eher zurückweichen. Im Falle eines Ratgebers im Bereich von 10.000 bis 15.000 Worten bietet sich hier ein Einstiegspreis von 2.99 Euro, für das E-Book, an. Für die Taschenbuch-Variante empfehle ich 7,99 Euro, plus minus 1 bis 2 Euro. Dies wird als Schnäppchen wahrgenommen und kann interessierte Kunden dazu bewegen, deinem Buch eine Chance zu geben.

Anfangs sind gute Kundenrezensionen und viel positives Feedback wichtiger, als die ersten Einnahmen. Denn du musst dir erst eine positive Präsenz aufbauen, bevor Leser dir vertrauen und deine Bücher kaufen werden. Du kannst den Listing-Preis auch auf 0.99 Euro setzen, das fördert Spontankäufe und kann schnell dazu führen, dass dein Buch sich gut verkauft. Wenn die Leser von deinem Buch begeistert sind, zusammen mit dem günstigen Preis, dann wirst du dir schnell einen Namen machen und weitere Käufe werden dann durch das generierte Momentum ganz von allein kommen.

Ein wichtiges Standbein: Marketing

Auch das beste Buch wird sich nicht verkaufen lassen, wenn niemand es findet. Ein Nachteil von der Zugänglichkeit des Amazon KDP Service ist die Menge an Autoren, die den Markt mit ihren Werken aktuell überschwemmen. Tagtäglich kommen tausende neue Bücher auf die Plattform. Amazon kann nicht jedes Buch auf der Startseite abbilden, daher arbeitet die Plattform auch hier mit einem Algorithmus, der nach verschiedenen Kriterien priorisiert.

Eine wichtige Anmerkung: Der Algorithmus von Amazon priorisiert dein Produkt insbesondere wenn die Verkaufszahlen steigen. Dabei spielt der Preis keine Rolle. Auch Bücher, die du kostenlos während der KDP Select-Phase anbietest, steigen in im Ranking der kostenlosen Bücher durch mehr Downloads.

Um deine Verkäufe zu fördern, musst du daher intensiv Marketing betreiben. Keine Sorge, es ist nicht mit all zu viel Aufwand verbunden und wird sich am Ende dafür richtig lohnen. Ich werde dir hier die besten Marketingstrategien erklären, damit du gleich loslegen kannst und genau weißt, worauf es dabei ankommt.

Amazon KDP Select

Amazon bietet mit KDP Select ein starkes Tool, um dein Buch gleich zu Anfang nach vorne zu katapultieren. KDP Select nimmt dein Buch in das Programm mit auf, stellt es dort für maximal 5 Tage aus, rückt es ins Rampenlicht und macht es Teil des Kindle Unlimited Programms sowie der Kindle Owner's Lending Library. Das bedeutet, Mitglieder des Kindle Unlimited Service können dein Buch kostenlos lesen, während die Owner's Lending Library es Amazon Prime Mitgliedern erlaubt, jeden Monat ein Buch ohne Rückgabetermin auszuleihen. Außerdem können alle Kindle-Besitzer dein Buch bis zu 5 Tage kostenlos herunterladen.

Das klingt jetzt natürlich nicht gewinnbringend, aber bitte denke an die Werbetrommel. Gerade wenn jemand dein Buch umsonst liest, kannst du mit positivem Feedback rechnen. Jemand, der sein hart verdientes Geld für dein Buch ausgibt, wird kritischer sein und auch kleine Mängel direkt kritisieren. Jemand der dein Buch aber kostenlos liest, der wird sich da auf rein objektives Feedback konzentrieren, was dein Buch für potenzielle Leser attraktiver gestalten wird.

Außerdem wird dein Buch so in den Listen der Kindle-Nutzer erscheinen, während es ansonsten eventuell kaum Beachtung geschenkt bekommen würde. Du solltest dein Buch also unbedingt Teil des KDP Select Programms machen, um gerade am Anfang von zusätzlichen „Gratis-Verkäufen" zu profitieren.

Viele Bücher scheitern nicht an ihrem Inhalt, sondern einfach daran, dass nicht genug Marketing betrieben wird. So sind einige Bücher nur zu finden, indem du direkt nach dem speziellen Titel suchst. Das hat zur Folge, dass kaum jemand zufällig über das Buch stolpert, ungefähr so, als würdest du es in die hinterste Ecke der örtlichen Bibliothek stecken.

Social Marketing – Facebook & Autorengruppen

Neben den Optionen, mit Amazon selbst dein Buch zu bewerben, gibt es noch andere Methoden, um schnell ein breites Publikum zu erreichen. Facebook hat sich neben einer reinen sozialen Plattform über die Jahre zu einem wahren Werberiesen entwickelt. Wenn du einen breiten Freundeskreis hast, kannst du zum Beispiel dein Buch über einen Link mit deinen Freunden teilen, die dann das Buch auch an weitere Freunde empfehlen können. Allein damit lässt sich unter Umständen ein Schneeball-Effekt erreichen, der dein Buch vielen Menschen näherbringt, die es ansonsten vielleicht gar nicht wahrnehmen würden. Dies ist noch lange nicht die effektivste Methode und hängt stark davon ab, wie viele Menschen du selbst auf Facebook in der Kontaktliste hast, ist aber kostenlos verfügbar und kann sehr schnell und einfach umgesetzt werden.

Es gibt auch sogenannte Autorengruppen, Facebook-Gruppen für Autoren und Publisher, die sich gegenseitig helfen möchten. Sie geben sich untereinander Erfolgstipps, sowie Feedback zu geschriebenen Büchern und helfen durch Social Marketing dabei, die Bücher anderer Autoren zu fördern und bekannter zu machen.

Während die erste Methode sich auf deinen eigenen Freundeskreis beschränkt, der eventuell nur in einem Teil Deutschlands lebt, kannst du so auch Kontakte knüpfen, die deutschlandweit existieren und sich teilweise sogar bis in die Schweiz und Österreich ausdehnen. Es gibt auch internationale Gruppen, die dir helfen können, ein englischsprachiges Buch weltweit bekannt zu machen. Bei englischsprachigen Büchern hast du zudem den Vorteil, dass du es auf Amazon.com veröffentlichen kannst. Und für den amerikanischen Marktplatz kannst du gezielt Werbung über AMS (Amazon Advertising) schalten. In Deutschland ist das derzeit leider nicht mehr möglich da die Anmeldung zur deutschen AMS Seite als Self-Publisher im Moment nicht funktioniert.

Ein weiterer Vorteil von sowohl deinem eigenen Social-Marketing als auch den Autorengruppen ist, das du dein Buch kostenlos zur Verfügung stellen kannst, damit deine Freunde und Bekannte, sowie die Mitglieder der Autorengruppen dir schnell erstes positives Feedback auf deiner Amazon-Seite geben können, was dann beim weiteren Verkauf deines Buches hilft.

Wenn du bereit bist, etwas Kapital in professionelles Marketing zu investieren, dann bietet dir Facebook einen sogenannten PPC Service (Pay per Click) an, um dein Buch weiter zu vermarkten. Dieser Service bietet dir verschiedene Marketing-Methoden, je nachdem, welches Ziel du verfolgst. Das Besondere an diesem System ist, dass du nur für Werbung zahlst, die dir am Ende auch hilft. Facebook promoviert deine Buchanzeige in den Profilen verschiedener Nutzer und du zahlst nicht für die Werbung an sich, sondern nur für jeden erfolgreichen Klick auf deinen Link. Dabei erlaubt dir Facebook, deine Zielgruppe genau festzulegen. So kannst du Alter, Geschlecht, Wohnort, Interessen und vieles mehr festlegen, damit Facebook dein Buch bei den Leuten bewirbt, die am ehesten daran interessiert sein werden.

Facebook hat über 2 Milliarden Nutzer weltweit. Damit hast du eine unglaublich große Reichweite für dein Buch und kannst dein Buch wesentlich schneller bekannt machen.

Wichtige Tipps und Tricks

Das richtige Angebot

Du musst eine Nische finden, die viel Nachfrage zeigt, aber kein zu großes Angebot mit richtig guten Büchern bietet. Ein gutes Buch zeichnet sich vor allem durch die folgenden Punkte aus: ein Messerscharfer Buchtitel, ein sehr gutes Cover, viele positive Bewertungen und ein ausgezeichneter Verkaufstext auf der Buchdetailseite. Viele Ratgeber sind eher ein einfaches Kompendium an Google Suchergebnissen, ohne viel ins Detail zu gehen. Sie verkaufen sich dennoch gut, da es für einige Leser bereits ungemein hilfreich ist, selbst nicht tagelang mit Recherche verbringen zu müssen.

Dein Buch sollte einen echten Mehrwert bieten, als die oft erscheinenden 1:1 Kopien der immer gleichen Inhalte. Du kannst zum Beispiel hunderte von Rezeptbüchern finden, dabei sind die besten jedoch die, die wirklich Neuheiten bieten oder mit unglaublicher Kreativität glänzen. Die wertvollsten Nischen sind auch heute noch Online-Marketing, Finanzen, Dating, Fitness und Diäten. Wenn du also noch keine genau Vorstellung hast zu welchem Thema du ein Buch veröffentlichen sollst, starte in einer dieser Nischen.

Bei Romanen sind oft Thriller gefragt, während weibliches Publikum großes Interesse an romantischen Beziehungsgeschichten zeigt. So war der Roman "50 Shades of Grey" durch seine Tabu-brechende Art und den Fokus auf weibliche Sexualität ein sofortiger Bestseller und hat es auch auf die Kinoleinwand geschafft.

Auch bei Ratgebern scheiden sich die Geister. Viele Ratgeber raten dir, deine eigene Firma zu gründen. Aber nur wenige erklären dir genau, wie du das anstellst, welche Gefahren es birgt und wie du zu jedem Problem die passende Lösung finden kannst.

Zu guter Letzt spielt auch die Menge des Inhalts eine wichtige Rolle. Eine Kurzgeschichte kann sich schlecht zum gleichen Preis verkaufen, wie ein vollständiger Roman. Viele Leser würden sich ausgenommen fühlen, da sie rein subjektiv betrachtet weniger für den gleichen Preis bekommen. Dabei solltest du aber nicht versuchen, den gleichen Inhalt unnötig zu strecken, nur um auf mehr Text zu kommen. Dies macht das Lesen träge und fällt sofort auf. Qualität statt Quantität ist hier immer noch entscheidend.

Gute Rezensionen und positives Feedback

Die größte Hürde, gerade am Anfang, ist es, das richtige Momentum aufzubauen. Nimm also alle Angebote und Optionen an, die dein Buch werbetechnisch nach vorne bringen können. Auch wenn das heißt, dein Buch teilweise kostenlos anzubieten, sind hier die Downloadzahl und Feedback wesentlich wichtiger als Einnahmen.

Denn wenn dein Buch wenige Downloads und nur eine Bewertung hat und diese bei 1 von 5 Sternen liegt, dann kannst du dir schon ziemlich sicher sein, dass jeder potenzielle Leser einen großen Bogen darum machen wird. Wenn du aber schon früh viele positive Bewertungen bekommst, dann wird auch Amazon dein Buch als "Aufsteiger" mehr in den Mittelpunkt rücken, um den Verkauf zu fördern.

Die richtige Entscheidung

Wenn du ein wahrer Geschichtenerzähler bist und ein Talent dafür hast, Spannung aufzubauen und die Leute mit plötzlichen Wendungen in der Handlung zu überraschen, dann ist ein Roman ein guter Weg, deine Kreativität zu vermarkten. Doch ein guter Roman braucht Zeit und Geduld. Lass dich dabei aber nicht von Schreibblockaden unterkriegen. Jeder gute Autor hat mit diesem Problem zu kämpfen.

Einer der wohl bekanntesten Autoren im Bereich des Horrors, Stephen King, hat nach eigenen Angaben das unfertige Manuskript zu "Carie" in den Müll geschmissen, weil er mit der Handlung nicht zufrieden war. Seine Frau hat aber Gefallen an dem Buch gefunden und ihn gebeten, es fertig zu schreiben. Jetzt ist Carrie eines seiner besten Werke und hat ein eigenes Broadway Musical sowie mehrere Filmadaptionen erreicht.

Beim Roman sind der Fantasie natürlich keine Grenzen gesetzt, aber unter Lesern sind Themen beliebt, die auch Probleme aus der Realität aufgreifen. Romane bewegen sich, wie Anfangs erwähnt, im Bereich von 40.000 Worten und mehr.

Falls du eher daran interessiert bist, Ratgeber zu veröffentlichen und den Menschen bei verschiedenen Problemen im Leben zu helfen, dann kannst du dich da durch Fachwissen vom Rest abheben. Viele Autoren schreiben zwar interessante Ratgeber, behalten aber oft die wichtigsten Informationen für sich oder geben dir nur ein schleierhaftes Bild vom Weg zum Erfolg, um am Ende nicht für die eigene Konkurrenz verantwortlich zu sein.

Dabei kannst du aber mehr Dankbarkeit von deinen Lesern erwarten, wenn du auch wirklich nützliche Informationen preisgibst, die man woanders nicht oder nur schwer finden kann. Gerade Insiderwissen kann dein Buch schnell beliebt machen, da viele Menschen nach bewährten Lösungen für ihre Probleme suchen.

Alle Vorteile auf einen Blick

Das nötige Startkapital ist noch überschaubar

Wie auch beim ersten Geschäftsmodell, dem MBA, sind die Risiken und das nötige Startkapital hier nicht sonderlich hoch. Das Buch könntest du sogar selbst schreiben und die Mitgliedschaft bei Amazon KDP ist kostenlos. Nur wenn du die Werbetrommel stärker rühren willst, solltest du deine kostenlosen Optionen durch kostenpflichtige, aber starke Ergänzungen wie Facebooks PPC Programm erweitern.

Unter Umständen kann es sich auch hier anbieten, an Schulungen und Fortbildungen im Bereich des Marketings und des Schreibens teilzunehmen. Solche Schulungen sind nicht immer günstig, können dir aber eine Unmenge an Fachwissen vermitteln, das du so woanders nicht finden kannst.

Risikotechnisch ist das schlimmste, was passieren kann, dass dein Buch sich nicht verkauft. Es wäre zwar schade um den Aufwand und die eventuellen Kosten, die du in die Produktion gesteckt hast, aber selbst dann wäre der Verlust tragbar und du kannst jederzeit mit einem weiteren Buch einen Neustart wagen.

Geringe monatliche Kosten

Sowohl zeitlich als auch finanziell kostet es sehr wenig, deinen eigenen Buchverkauf auf lange Sicht zu halten. Ein guter Ratgeber lässt sich in 2 bis 3 Wochen realisieren, wenn du das nötige Wissen bereits mitbringst, oder einen geeigneten Ghostwriter mit dem Schreiben beauftragst. Danach geht das Buch auf

Amazon online und verbleibt dort, bis du den Verkauf einstellst. Die einzigen Kosten, die entstehen, sind die Optionale Gebühr für den Ghostwriter, die nur einmalig gezahlt werden muss, sowie die Kosten für eventuelles Marketing, die aber in jedem Fall mit der Anzahl der Klicks skaliert und daher nur teurer wird, wenn die Leute dein Buch auch tatsächlich in Erwägung ziehen.

Es gibt immer Bedarf in verschiedenen Bereichen

Statistiken haben gezeigt, dass 68 % aller Deutschen regelmäßig Bücher lesen, 25 % davon täglich. Auch wenn Romane einen Großteil ausmachen, besteht reges Interesse an der Fortbildung der eigenen Kenntnisse. So lesen viele Deutsche über Finanzen und Hobbys, sowie Lebenshilfen in allen erdenklichen Bereichen.

Auch wenn es zu vielen Themen schon Bücher gibt, so entwickeln sich die Methoden und Kenntnisse stetig weiter, es gibt neue Trends und Kniffe, die sich wiederum in neue Bücher verpacken lassen.

Du kannst dieses Geschäftsmodell langfristig gut skalieren

Dadurch, dass viele Bücher zeitlos sind und sich die Kosten für das Erstellen neuer Bücher in einem überschaubaren Rahmen bewegen, kannst du dir so auf lange Sicht ein erfolgreiches Geschäft aufbauen. Rezensionen aus vorhandenen Büchern spiegeln sich positiv im Verkauf von neuen Büchern wider. Dadurch, dass du mit der Zeit eine immer größere Palette an Büchern in verschiedenen Bereichen anbieten kannst, steigt auch dein Einkommen stetig mit.

Am Anfang wirst du mit deinem ersten Buch vielleicht nur mäßigen Erfolg haben. Jedoch werden dann Leser deines ersten Buches auch informiert, wenn du ein neues Buch veröffentlichst. Das Momentum aus dem ersten Buch wird also ohne weiteres Zutun auf dein zweites Buch übertragen.

Und wenn du deine Arbeit komplett auf Ghostwriter auslagerst, musst du dich sogar nur noch um deine Vermarktung und das Hochladen auf die Amazon Plattform kümmern. Auch wenn es am Anfang ein wenig Zeit kostet, einen guten Ghostwriter zu finden, kannst du dann später leichter neue Bücher schreiben lassen, wenn du deinen Favoriten gefunden hast. Dies verkürzt weiteren Zeitaufwand ungemein.

Du kannst deine Bücher auch auf anderen Plattformen anbieten

Zwar gibt es hier eine wichtige Ausnahme, nämlich einen Zeitraum, in dem dein Buch nur über Amazon Kindle Direct veröffentlicht werden darf und du zustimmst, es nirgendwo sonst zur Verfügung zu stellen, so kannst du dann aber nach Ablauf der Frist dein Buch auch auf weitere Plattformen, wie zum Beispiel Lulu.com zur Verfügung stellen. So kannst du mit bereits bestehendem Inhalt nachträglich dein Geschäft ausweiten und einem noch breiteren Publikum zur Verfügung zu stellen.

Da viele Plattformen ähnlich wie Amazon operieren, entstehen dir auch da keine weiteren Kosten. Wenn der Inhalt einmal steht, kannst du zusätzlich dein Buch übersetzen (lassen) und zum Besipiel auch auf Englisch anbieten. Und last but not least kannst du dein E-Book sogar zusätzlich als gebundene Ausgabe hochladen, womit du in vielen Fällen deinen Gewinn mehr als verdoppeln kannst. In Deutschland werden immer noch mehr gedruckte Bücher als E-Books gekauft, weshalb es besonders wichtig ist dein E-Book auch als Taschenbuch anzubieten. Nutze auch hierzu schon bei der Nischensuche den BSR der Taschenbücher. Bei besonders erfolgreichen Büchern empfiehlt es sich auch, dass du es von einem professionellen Sprecher einsprechen lässt und auf Audible als Hörbuch bereitstellst. Dies verschafft dir zusätzliche Profite.

Die Nachteile auf einen Blick

Nach langem Überlegen wird dies ein recht kurzes Kapitel, denn mir kommt wirklich nur ein einziger Nachteil in den Sinn. Es kann mitunter sehr anstrengend sein, die anfangs nötige Recherche zu betreiben und geeignete Buchinhalte zusammenzustellen.

Ich habe Monate damit verbracht, den Inhalt dieses Buches zu gestalten, den Aufbau zu bestimmen und schließlich alle Informationen so gut es geht zu vereinen. Dazu kommen Kurse und Fortbildungen, die dabei helfen die verschiedenen Systeme genau zu verstehen, auszuprobieren und von den üblichen "Get Rich Quick" Versprechen zu trennen.

Wenn du also ein inhaltlich richtig gutes Buch schreiben möchtest, dann ist das mit viel Erfahrungswerten und jeder Menge Recherche verbunden, um dein Buch vom Rest abzuheben. Auch bei einem Roman gibt es einige Hürden, die im kreativen Prozess durchgehend zu Blockaden führen können. Fehler in der Handlung, Ungereimtheiten und vergessene Nebenhandlungen können das Schreiben zu einer wahren Geduldsprobe machen.

Es kann sehr dabei helfen, wenn du dein Werk Freunden und Verwandten zum Lesen gibst, damit sie dir eine zweite Meinung geben können. Sie sollten dabei stets ehrlich sein und negative Dinge nicht aus Empathie beschönigen, denn spätere Leser, die dein Werk für Geld erwerben, werden dir keine Empathie geben, wenn dein Buch qualitativ nicht ausreicht. So ein negatives Feedback kann am Ende dein Scheitern verursachen.

Versuche also, viel Feedback so früh wie möglich einzuholen. Dies kann dir auch beim Schreiben helfen und macht die nächsten Kapitel ungemein einfacher.

Zur Vertiefung: Nützliche Tools und Webseiten

Auch zum Thema KDP habe ich lange nach den nützlichsten Hilfsmitteln gesucht, um dir den Einstieg zu erleichtern und gleich auf wertvolle Ressourcen zugreifen zu können, die dir einen Vorteil für dein Projekt als Autor verschaffen können.

Upwork
https://www.upwork.com

Wenn du einen Ghostwriter beauftragen willst, dann ist Upwork eines der besten Portale im Netz. Du kannst deinen Buchwunsch als Stellenangebot veröffentlichen, einen Preis festlegen oder auf Verhandlungsbasis halten, sowie Ghostwriter, die dein Interesse geweckt haben, direkt kontaktieren. Dabei arbeitet Upwork mit Escrow, einem Service, der dein Geld zwischenlagert, bevor der Ghostwriter seine Bezahlung erhält, um unfertige Aufträge und Betrugsversuche zu unterbinden.

Du kannst dein Angebot entweder zu einem festen Preis abgeben oder aber einen Stundenlohn festlegen. Dabei kannst du durch regelmäßige Updates genau sehen, was der Ghostwriter macht, da sein Desktop in regelmäßigen Intervallen abfotografiert wird, solange er aktiv an deinem Projekt arbeitet.

Als sehr gute Alternativen zu Upwork sind **content.de** und **textbroker.de** zu nennen.

KDspy
https://www.kdspy.com/

Du kannst dir entweder die Mühe machen und jedes Buch in jeder Nische einzeln anklicken und analysieren oder aber KDspy die ganze Arbeit machen lassen. KDspy ist eine Google Chrome-Extension, welche dir automatisch alle relevanten Daten für die gewählte Kategorie ausspuckt. Du findest hier sehr übersichtlich in nur 15 Sekunden die Anzahl der Verkäufe, die Anzahl der Rezensionen und die Umsätze eines jeden Buches auf einen Blick. Zudem gibt dir das Tool einen Indikator, wie profitabel und wie stark die Konkurrenz in der jeweiligen Nische ist. Für mich nicht mehr wegzudenken.

Die Selfpublisher Bibel
http://www.selfpublisherbibel.de/

Hier findest du wirklich alles zum Thema Selfpublishing. Diese sehr umfangreiche Seite ist eine super Anlaufstelle für alle Anfänger und Fortgeschrittene. Die Seite ist immer aktuell und bietet dir so einige Tricks und Hinweise, die dir das Leben als Publisher leichter machen.

EBOOKSMARTSTART von Phil Schartner*

5 Sterne PLUS für dieses Meisterwerk! Phil Schartner hat nicht nur einen großartigen Online-Kurs auf die Beine gestellt, er berät inzwischen auch viele hunderte Menschen in seinen Live-Coachings und hält Seminare zu dem Thema. On Top hat er in nur 2 Jahren 150 Bücher veröffentlicht und das obwohl ihm das Schreiben überhaupt nicht liegt. Bereits nach

6 Monaten hatte er Einnahmen von über 3.000 Euro im Monat mit seinem Kindle Business verdient.

Wie das genau funktioniert lernst du in seinem super übersichtlichen Kindle-Kurs. Der Kurs enthält 9 verschiedene Module und insgesamt 7 Stunden Videomaterial. Du lernst die Grundlagen und erfährst auch einiges zum Thema Recht und Versicherung. Du erfährst wie du geeignete Nischen findest und wie du das beste Cover, den schlagkräftigsten Buchtitel und einen 1a Werbetext kreierst. Zudem bist du nach dem Kurs in der Lage, durch richtiges Marketing, dein Buch bei Amazon direkt auf Seite 1 als Bestseller zu pushen und damit Verkäufe zu generieren die deine Ohren schlackern lassen.

On Top lernst du wie man Bücher richtig formatiert und sie sogar gedruckt als Taschenbuch veröffentlichen kannst, oder noch besser die ganze Arbeit auslagert, so dass du fast nichts mehr selbst machen musst. Als wäre das nicht schon genug erfährst du wie du deine eigene Website mit Webinar aufziehst um noch mehr die Werbetrommel zu rühren und noch einige weitere Goodies. Derzeit gibt es nichts vergleichbares am Markt.

Hier geht's zur Webseite von Phil mit einem tollen Überblick des Kurses:*
www.freedom-builder.de/kindle-kurs

Diese und noch einige weitere Links findest du, übersichtlich sortiert nach Thema, auf der Webseite zum Buch unter:
www.freedom-builder.de/passives-einkommen

Die Zusammenfassung

Du kannst dir kostenlos ein Amazon KDP Konto zulegen und deine eigenen Bücher zum Verkauf anbieten. Dabei kannst du das Schreiben entweder komplett selbst übernehmen, oder aber an professionelle Ghostwriter auslagern, die je nach Auftrag alles von den nötigen Recherchen bis hin zum letzten Korrekturlesen alles für dich übernehmen.

Wenn du dich dazu entscheidest, dein Buch selbst zu schreiben, kostet es dich bis auf den zeitlichen Aufwand überhaupt nichts. Beim Ghostwriting solltest du für einen Ratgeber im Bereich der 10.000 Worte mit einem Preis von 200 bis 400 Euro rechnen, je nachdem, was du zu zahlen bereit bist und welche Fähigkeiten der Ghostwriter mitbringen muss.

Um gut über den möglichen Inhalt des Buches entscheiden zu können, solltest du ein paar Tage mit Marktforschung verbringen, also Hilfsmittel wie Amazons BSR nutzen, oder noch besser KDspy, um einen guten Überblick über Angebot und Nachfrage in verschiedenen Themen zu gewinnen. Achte auf Nischen, mit niedrigem BSR, aber noch relativ wenig Konkurrenz. Wenn du Fachwissen besitzt, welches nur schwer anderswo zu erlernen ist, dann ist dies eine gute Möglichkeit, ein inhaltlich interessantes Buch zu gestalten.

Plane am besten ein Startkapital von ca. 500 bis 1.000 Euro ein, wenn du auf professionelle Hilfe zugreifen und dein Buch mit effektivem Marketing nach vorne bringen möchtest.

DROPSHIPPING

DROPSHIPPING

Dropshipping ist eine weitere Methode, mit der du dir ein passives Einkommen aufbauen kannst, ohne viel Kapital besitzen zu müssen. Es funktioniert dabei ähnlich wie Amazons "Fulfillment by Amazon" (FBA) Programm, auf das wir später noch genauer eingehen werden, hat aber ein paar entscheidende Unterschiede, auf die ich hier näher eingehen möchte, damit du die für dich richtige Option wählen kannst.

Beim Dropshipping funktionierst du als Händler, ohne dabei auf Lagerung oder ein eigenes Geschäft angewiesen zu sein. Ein Einzelhändler hat für gewöhnliche Weise eine eigene Filiale, in der Kunden sich die Ware anschauen und bei Interesse kaufen können.

Zusätzlich haben Filialen auch eigene Warenhäuser, in denen die Ware nach der Produktion bis zum Verkauf zwischengelagert werden muss. All das bringt hohe Kosten mit sich, man benötigt ein Lagerhaus und Lagerpersonal, man muss eine Spedition mit dem Transport beauftragen und sich zusätzlich um die schriftliche Dokumentation kümmern.

Bei Amazons FBA übernimmt Amazon die Lagerung. Beim Dropshipping fällt diese Lagerung komplett weg, da Artikel erst beim Kauf direkt vom Hersteller zum Kunden geliefert werden. Dies erspart uns die Lagerkosten, die selbst bei Amazon FBA anfallen und sich dort in den Gebühren bemerkbar machen, die Amazon von unserem Verkaufsgewinn abzieht.

Ein Dropshipping-Business besteht also aus 3 Bereichen:

Der Hersteller: Der Hersteller produziert und lagert die Ware. Bei einem Verkauf kümmert er sich um die Lieferung direkt zum Kunden.

Der Verkäufer: Der Verkäufer, also du, bietet die Ware in seinem Onlineshop oder auf einem Onlinemarktplatz zum Verkauf an. Wenn ein Kunde ein Produkt kauft, leitet er die Bestelldaten des Kunden an den Hersteller weiter, damit dieser mit der Lieferung zum Kunden beginnen kann.

Der Käufer: Der Käufer erwirbt die Ware im Onlineshop. Dabei weiß er nicht, wer genau die Ware liefert. Er hat keinen Kontakt zum Großhändler und nimmt nur dich als den Verkäufer wahr. Es ist für den Käufer unmöglich zu wissen, ob die Ware vom Verkäufer direkt versendet wird, oder per Dropshipping geliefert wird.

So funktioniert es: Schritt für Schritt erklärt

Du brauchst, um als Dropshipping-Händler durchzustarten, nur 2 Dinge. Eine Plattform, auf der du deine Waren anbieten kannst (Onlineshop) und einen Großhändler, der die Waren zur Verfügung stellt und sich um die Lieferung kümmert.

Einen Großhändler finden

Zum Beispiel kannst du mit Bigbuy (**https://www.bigbuy.eu/de/dropshipping.html**) in Verbindung treten und als Großhändler nutzen. Dabei bietet Bigbuy verschiedene Modelle, die sich in den monatlichen Gebühren sowie den angebotenen Optionen unterscheiden.

Für Starter mit wenig Volumen bietet Bigbuy ein kostenloses Modell an, sobald dein Shop dann aber Momentum aufbaut und du viele Bestellungen erhältst, kannst du gegen eine monatliche Gebühr ein umfassenderes Paket erhalten, das dir unter anderem mit Integrationssoftware und besserer Sendungsverfolgung eine Automatisierung aller notwendigen Prozesse bietet.

Einen Onlineshop einrichten

Bei der Gestaltung deines Onlineshop hast du verschiedene Optionen, je nachdem, wie du weitere Aspekte wie zum Beispiel die Vermarktung handhaben möchtest. So kannst du deine Waren auf allen Plattformen wie zum Beispiel Ebay und Amazon anbieten oder dir aber eine eigene Webseite aufbauen und damit deinen ganz individuellen Onlineshop gestalten.

Wenn du dich für Amazon und Co. entscheidest, kannst du deine Waren ganz einfach wie auch beim Einzelverkauf anbieten. Eine eigene Webseite hat den Vorteil, dass du dir so eine eigene Präsenz und Marke aufbauen kannst.

Der Nachteil ist, dass du dich vollständig selbst um die Gewinnung von Neukunden kümmern musst und es mitunter schwierig sein kann, Traffic zu generieren, also Nutzer auf deine Webseite zu holen.

Amazon, Ebay und weitere Anbieter sind da durch eine große Popularität gut besucht und haben gleich von Anfang an einen großen Strom potenzieller Kunden. Allerdings sind hier auch Konkurrenzartikel in großer Zahl zu finden und wie bei den vorherigen Themen geht es dann auch darum, deine Produkte vom Rest abzuheben.

Den Markt analysieren und geeignete Produkte finden

Wie auch bei der T-Shirt-Gestaltung, dem Amazon FBA Programm und dem Buchverkauf geht es in erster Linie darum, eine gute Platzierung im Markt zu erreichen. Wenn du gezielt nach Trends Ausschau hältst und gute Chancen bei der Produktwahl wahrnimmst, kannst du schnell erste Erfolge erzielen.

Manchmal bietet es sich an, ein bereits vorhandenes und beliebtes Produkt einfach etwas günstiger anzubieten, als die Konkurrenz. Dabei musst du darauf achten, dass sich das auch lohnt, denn dein eigener Gewinn ergibt sich aus deinem ausgestellten Verkaufspreis minus dem Großhandelspreis, den Bigbuy und andere Großhändler vom Preis einbehalten. Dein Ziel ist es schließlich, einen eigenen Gewinn zu machen.

In anderen Fällen gibt es ein Produkt vielleicht nur regional, oder noch gar nicht auf dem vorhandenen Markt. Dies sind ideale Möglichkeiten, um als Erstanbieter die Kunden zu locken. Innovation ist ein Schlüssel zum Erfolg. Wenn du ein innovatives Produkt anbieten kannst, welches vielleicht mit neuen Features oder modernerem Design glänzt, dann kannst du dich auch dort erfolgreich gegen die Konkurrenz durchsetzen.

Selbst wenn dann jemand deine Idee kopiert, hast du durch die frühe Präsenz einen entscheidenden Vorteil: Du erhältst frühzeitig Rezensionen, die Neukunden dazu bewegen, dein Produkt einem identischen, aber weniger gekauftem Konkurrenzprodukt vorzuziehen.

Deine Produkte auf der Plattform anbieten

Jetzt geht es nur noch darum, deine Produkte Online anzubieten. Dabei greifst du auf den bestehenden Artikelkatalog deines Großhändlers zu und stellst die Artikel so ein, wie der Großhändler sie anbietet. Dem vom Händler genannten Preis fügst du deine eigene Marge, sowie Kosten für eventuelle Gebühren hinzu. Dadurch erhältst du deinen Verkaufspreis, den der Endverbraucher am Ende sieht.

Die Werbetrommel rühren – Marketing

Solltest du Amazon als Plattform für dein Dropshipping nutzen, so kannst du hier wieder auf die Hauseigenen Werbeangebote zugreifen. Amazon bietet kostenpflichtige Promotionen an, um dir bei der Gewinnung von Neukunden zu helfen.

Eine gute Möglichkeit, Neukunden zu gewinnen, besteht in der Nutzung von Affiliate Marketing. Gerade wenn du auf Youtube nach Affiliate Marketing schaust, findest du viele Nutzer, auch Deutsche, die verschiedene Produkte auf ihren Kanälen testen und bewerben.

Affiliate Marketing ist eine Kooperation zwischen dem Produktanbieter und dem Affiliate. Der Produktanbieter bietet sein Produkt kostenlos an und/oder zahlt dem Affiliate eine Rate für seine Hilfe. Der Affiliate wird im Gegenzug das Produkt seinen Fans und Followern vorstellen. Da viele Affiliates sich eine große Fanbase aufbauen, hast du so eine gute Möglichkeit, mit einer relativ kleinen Investition eine große Menge an Neukunden zu gewinnen.

Auch beim Dropshipping kannst du auf die Werbemöglichkeiten aus den vorherigen Kapiteln, wie zum Beispiel dem Facebook PPC, zurückgreifen. Dein Ziel sollte es sein, deine Artikel in kurzer Zeit so vielen Menschen wie möglich nahezubringen.

Auch wenn kostenlose Werbung möglich ist, kann es wirklich einen enormen Unterschied machen, wenn du ein wenig Kapital in Werbemaßnahmen investierst. Natürlich wollen wir alle Gewinn machen und der Gedanke, zunächst Geld in Werbung für ein Produkt zu investieren, bei dem wir nicht einmal sicher wissen, ob es sich auch lohnt, kann unter Umständen kontraproduktiv wirken.

Aber beachte bitte, dass Produkte, die nicht oder nur unzureichend auf Werbung gesetzt haben, im breiten Markt oft still und leise untergegangen sind. Marketing ist eine extrem starke Waffe, die richtig eingesetzt deine Verkäufe multiplizieren kann. Ich kann nicht genug betonen, wie wertvoll solch eine Investition sein kann.

Wichtige Tipps und Tricks

Beim Dropshipping, geht es im Kern um 3 Dinge, um dein Unternehmen auf Erfolg zu richten.

Die richtige Nische finden

Du hast beim Dropshipping einen großen Vorteil gegenüber dem Amazon FBA Programm. Du musst nicht vorher Geld in eine Bestellung vom Hersteller investieren und den Transport ins Amazon Lager planen, da deine Ware "On Demand" vom Hersteller zum Endkunden geliefert wird, sobald dieser über deinen Store eine Bestellung erhält. Dadurch sind schlecht gewählte Artikel kein Beinbruch und du kannst dein Sortiment jederzeit ändern oder ergänzen.

Trotzdem ist es wichtig, um anfängliche Frustration und unnötigen Aufwand zu vermeiden, dein Sortiment von Anfang an so gut es geht zu gestalten und die richtigen Produkte zu wählen. Beschäftige dich daher intensiv mit dem vorhandenen Markt und schaue dir genau an, warum einige Produkte sehr beliebt sind, während andere eher gemieden werden.

Dein Sortiment erweitern

Das Dropshipping ist deshalb so lukrativ, weil du die Produkte Anderer zum Verkauf anbietest und dich durch den Aufwand am Gewinn beteiligst. Dafür sind die Gewinne aber relativ gering, da der Hersteller auch am Profit interessiert ist. Du kannst aber trotzdem dein Einkommen stetig verbessern, indem du deine Produktpalette erweiterst und du dir einen „Namen" durch einen professionellen Auftritt und gezielte Werbung verschaffst.

Achte auch darauf, wenn ein Großhändler neue Gegenstände ins Sortiment aufnimmt. Hier bietet sich die beste Chance, dir als Erstanbieter auf dem Onlinemarkt einen Namen zu machen.

Alle Vorteile auf einen Blick

Nötiges Startkapital und Risiko sind eher gering

Beim Dropshipping musst du kein Geld investieren, um Waren vor dem Verkauf zu erwerben. Viele Dropshipping-Anbieter bieten kostenlosen Service für Kleinkunden. Wenn du also damit anfangen möchtest, kannst du zunächst kostenlos auf die Produktpalette zugreifen und zum Verkauf anbieten.

Wenn du dann viele Bestellungen hast, kannst du dein Konto erweitern und auf das ganze Spektrum des Dropshipping-Anbieters zugreifen. Selbst die kostenpflichtigen Mitgliedschaftsangebote sind relativ günstig und können entweder monatlich bezahlt werden oder aber jährlich, wobei ein Rabatt gewährt wird.

Für den Onlineshop kannst du auf verschiedene Methoden zurückgreifen. So kannst du deinen Onlineshop über Facebook gestalten, bei Amazon oder Ebay als Seller in Erscheinung treten, dir eine eigene Webseite zulegen und deinen eigenen Shop gestalten, oder aber auch einen Shop über die Dropshipping-Anbieter erhalten.

Da der Aufbau einer eigenen Internetseite für viele abschreckend sein kann, gehe ich am Ende dieses Kapitels noch ein wenig genauer darauf ein. Du musst kein Computergenie sein, um deine eigene Webseite zu erhalten und du kannst auch völlig ohne Kenntnisse deine Seite nach deinen Wünschen gestalten.

Der Aufwand ist überschaubar

Im Vergleich zu anderen Methoden hast du hier eher wenig Aufwand, da du dich lediglich um deinen Onlineshop und die Bewerbung kümmern musst. Alles Weitere, wie der Versand, wird direkt vom Großhändler übernommen.

Zwar musst du zunächst selbst einen geeigneten Großhändler ausfindig machen und deinen Onlineshop vorbereiten, allerdings sind die Abläufe danach automatisiert. Kunden kaufen die Produkte von deiner Seite und werden vom Großhändler beliefert.

Eine große Palette an Produkten ist verfügbar

Ein weiterer Vorteil beim Dropshipping ist, dass die Großhändler oft eine riesige Palette an Produkten in allen Bereichen auf Lager haben. Das bedeutet für dich, dass du eben diese große Vielfalt in deinem Onlineshop anbieten kannst. Damit kannst du deinen Store sehr weit expandieren und für jeden Kunden den richtigen Artikel führen. Alles, ohne zusätzlichen Aufwand erbringen zu müssen.

Du kannst auch Plattformübergreifend arbeiten

Bei Amazons FBA Programm beschränkst du dich auf die Lagerung durch Amazon, was gleichzeitig auch bedeutet, dass deine Produkte nur auf Amazon zur Verfügung gestellt werden.

Beim Dropshipping hingegen arbeitest du mit einem Großhändler, der dir die freie Auswahl bei der Wahl deiner Plattform lässt. Das bedeutet, dass du deine Produkte zum Beispiel parallel in deinem eigenen Shop, auf Amazon, Ebay und Facebook anbieten kannst. Dadurch hast du eine größere Auswahl an potenziellen Kunden.

Die Nachteile auf einen Blick

Natürlich gibt es auch beim Dropshipping ein paar Nachteile, auf die ich hier genauer eingehen möchte.

Du hast nur begrenzten Einfluss auf die Kundenzufriedenheit

Die Produkte, die du anbietest, gehen direkt vom Großhändler zum Endkunden. Da du das Produkt nicht selbst zu sehen bekommst, fallen dir eventuelle Mängel in der Qualität oder Beschädigungen nicht sofort auf. Erst wenn der Kunde sich bei dir beschwert, werden eventuelle Probleme ersichtlich. Da sich der Großhändler auch selbst um die Lieferung kümmert, kann es passieren, dass ein Paket im Logistiknirvana verloren geht oder erst sehr spät beim Kunden eintrifft.

Da dieser aber vom Großhändler nichts weiß, wird er dich dafür verantwortlich machen und zum Beispiel schlechte Lieferzeiten als negative Rezension auf deiner Shopseite angeben.

Es ist unumgänglich, ein wenig negatives Feedback von Kunden zu bekommen, die vielleicht andere Erwartungen an das Produkt hatten oder mit den Lieferzeiten unzufrieden sind. Leider kannst du in dem Fall nicht viel mehr tun, als in den sauren Apfel zu beißen, um das schlechte Feedback durch guten Kundensupport glatt zu bügeln oder dem Kunden eine Rückerstattung zu geben.

Eine relativ geringe Gewinnspanne

Auch wenn das Bestimmen des Verkaufspreises am Ende bei dir liegt, musst du eine gesunde Balance zwischen deinem Gewinn und den Kosten des Produkts beim Großhändler finden. Wenn du dein Produkt zu günstig anbietest, machst du selbst kaum einen Gewinn durch den Verkauf, wenn du dein Produkt zu teuer anbietest, werden Kunden eher abgeschreckt sein und deine Verkaufszahlen werden sehr niedrig ausfallen. Eine deiner Hauptaufgaben beim Dropshipping wird es sein, deine Klickpreise für die Werbung zu optimieren um deine Gewinnmarge zu steigern.

Mit der richtigen Idee und gutem Marketing kannst du ein Produkt für einen guten Mehrwert zum Verkauf anbieten und dir eine goldene Nase verdienen, allerdings sollte auch hier wieder Kundenzufriedenheit die Hauptrolle einnehmen, damit du schneller Neukunden gewinnst und dein Business expandieren kannst.

Auch durch das Anbieten deiner Ware auf mehreren Plattformen, wie zum Beispiel Amazon, Ebay und deinem eigenen Onlineshop, kannst du deinen Umsatz erhöhen.

Eventuelle Verluste durch Versandkosten

Einige Großhändler verlangen höhere Versandkosten, wenn zum Beispiel Produkte verschiedener Hersteller zusammen geliefert werden müssen, da diese separat behandelt werden. Wenn jetzt also ein Kunde durch deinen Onlineshop mehrere Produkte von verschiedenen Herstellern erwirbt, kann es sein, dass der Verkaufspreis nicht die gesamten Lieferkosten mit abdeckt und als Resultat deinen eigenen Umsatz schwächt. Solche Fälle sind glücklicherweise nicht die Norm, können aber dennoch vorkommen.

Dabei hast du zwei Möglichkeiten:

1. Du addierst die anfallenden Lieferkosten zum Preis des Kunden hinzu. Dies kann den Kunden aber verärgern und sollte nach Möglichkeit vermieden werden.
2. Du nimmst einen kleinen Verlust hin und akzeptierst den niedrigeren Umsatz, den du ja sowieso durch weitere Verkäufe ausgleichst.

Es ist schwierig, eine gesunde Balance zwischen Kundenzufriedenheit und Umsatz zu finden. Du solltest aber bei solchen Entscheidungen der Kundenzufriedenheit den Vorrang einräumen, da diese auf lange Sicht einen größeren Einfluss auf zukünftige Umsätze hat.

Zur Vertiefung: Nützliche Tools und Webseiten

Beim Dropshipping brauchst du nur wenige Ressourcen, damit du durchstarten kannst. Ich möchte daher hier darauf eingehen, wie du einfach deine eigene Internetseite einrichten kannst, auch ohne Vorkenntnisse in Programmieren oder Webdesign, sowie gute Dropshipping-Anbieter, die dir die erforderlichen Produkte zur Verfügung stellen können.

Eigene Webseite mit Wordpress
https://de.wordpress.org/

Wordpress ist ein unglaublich vielfältiges Tool zur Gestaltung deiner eigenen Webseite, auch ohne Kenntnisse in dem Bereich.

Dabei gibt es eine Unmenge an Erweiterungen, die du ganz leicht in deine Webseite integrieren kannst, um erweiterte Funktionalität zu bekommen. So gibt es spezielle Tools, um Nutzerdaten zu ermitteln (wie oft wird deine Seite besucht, woher kommen die Besucher, welche Links werden häufig geklickt, und vieles mehr), oder aber fertige Layouts für deinen eigenen Shop, die du nach Belieben weiter individuell gestalten kannst. Du kannst auch einen Newsletter-Service einrichten, um Kunden auf neue Angebote oder besondere Rabatte hinzuweisen.

Während die meisten Addons und Extensions kostenlos sind, arbeiten auch professionelle Designer und Programmierer an verschiedenen Funktionen, die du gegen einen kleinen Aufpreis erwerben kannst. Dies ist optional und hängt von dir und deinen persönlichen Präferenzen ab.

WooCommerce - Die eCommerce Plattform
https://woocommerce.com

Während Wordpress den Grundstein für die Gestaltung und Verwaltung deiner Internetseite darstellt, ist WooCommerce eine auf Wordpress basierende Erweiterung, die direkt auf die individuellen Bedürfnisse von selbstständigen Unternehmern im Onlinehandel zugeschnitten ist. Über dein Wordpress-Backend hast du hier die Möglichkeit, deinen eigenen professionellen Online-Shop zu erstellen.

Du kannst alles, von deinem Lager und Inventar, den Bestellungen, Steuern bis hin zum Kundenservice und Geschäftsbeziehungen, von deinem WooCommerce aus verwalten und kontrollieren.

Wenn du Erfahrungen im Web-Development hast oder damit jemanden beauftragen möchtest, bietet dir WooCommerce noch mehr Optionen bei der Individualisierung deines Unternehmens. Aber auch ohne das nötige Know-how in der Webseitengestaltung hast du durch die intuitive Benutzeroberfläche und sogenannte Themes, stets alles Wichtige im Blick und kannst deinen Store ganz nach deinen eigenen Vorlieben und Wünschen gestalten.

Themeforest
https://themeforest.net/category/wordpress/ecommerce

Auf Themeforest, unter den Wordpress-/ eCommerce-Templates, findest du viele fertig gestaltete Shop-Templates mit WooCommerce Einbindung. Das sieht nicht nur super aus, es nimmt dir auch extrem viel Vorarbeit ab.

Meine Empfehlung: Shopify – Die sauberste Lösung
https://www.shopify.de

Shopify ist ein eCommerce Anbieter mit über 600.000 Unternehmenskunden weltweit. Als Alternative zu Wordpress und WooCommerce bietet Shopify dabei einen Rundum-Service, von der Vergabe der Internetdomain bis hin zur individuellen Gestaltung und Verwaltung deines Onlineshops. Wenn du also auf Wordpress verzichten und dennoch dein eigenes Onlinegeschäft, unabhängig von Amazon und Co. aufbauen möchtest, bietet dir Shopify eine wirklich nützliche Alternative.

Du kannst verschiedene Verkaufskanäle wie Facebook integrieren, sowie verschiedene Zahlungsmethoden festlegen. Eine unbegrenzte Datennutzung erlaubt dir, dein digitales Inventar ohne Grenzen zu erweitern.

Ein wichtiger Punkt:

Seit dem 25.05.2018 ist eine neue Datenschutzregelung der Europäischen Union in Kraft getreten, die Datenschutz-Grundverordnung. Dieses Gesetz legt fest, ob und wie weit Unternehmen Online die Daten ihrer Kunden speichern und verwenden dürfen. Shopify hat schon vor Inkrafttreten des Gesetzes daran gearbeitet, alle wichtigen Punkte zu behandeln und zu optimieren, um keine gesetzlichen Konflikte zu verursachen.

Als Händler profitierst du insofern, dass dein Shop von Anfang an auf die Regelungen abgestimmt ist und du keinen zusätzlichen Aufwand mit Datenschutzrichtlinien und Konformität aufwenden musst.

Diese und noch einige weitere Links findest du, übersichtlich sortiert nach Thema, auf der Webseite zum Buch unter:
www.freedom-builder.de/passives-einkommen

Die Zusammenfassung

Dropshipping kann ein lukratives Geschäft sein, wenn du Wert auf das richtige Marketing legst und dein Store Bekanntheit gewinnt. Dadurch, dass du deine angebotenen Waren nicht erst selbst anfertigen musst, sparst du Kosten. Du zahlst lediglich einem Großhändler einen Teil deines Umsatzes, um seine Waren auf deinem eigenen Portal anbieten zu können.

Diese Kosten halten sich aber relativ gering und für den Anfang kannst du es sogar kostenlos nutzen. Kostenpflichtig wird es erst, wenn du einen bestimmten Umsatz an Aufträgen erreichst, wobei die Mitgliedschaft dann aber auch von deinen Umsätzen getragen werden kann.

Sobald du einen geeigneten Großhändler, wie zum Beispiel Big-Buy gefunden hast, musst du dich um die Einrichtung deines Shops kümmern. Dabei kannst du sowohl auf Amazon, Ebay und Co. zugreifen, als auch mithilfe verschiedener Anbieter deinen eigenen Shop gestalten. Beide Varianten bieten ihre eigenen Vor- und Nachteile, doch sobald du einen gewissen Umsatz erreicht hast, wirst du sowieso in die anderen Gebiete expandieren wollen, um deine Marge noch weiter zu erhöhen.

Zeitlich kann dein Shop bereits innerhalb von 1 bis 3 Monaten Gewinn abwerfen. Dabei hängt es vor allem von deinem Marketing und der Preisgestaltung ab. Bei guter Vorausplanung können sich erste Erfolge auch schneller bemerkbar machen.

Finanziell gesehen trägst du beim Dropshipping ein sehr geringes Risiko. Du zahlst nur eine Gebühr an den Großhändler, damit dieser dir seine Waren zur Verfügung stellt. Wenn du eine eigene Internetseite einrichten willst, muss auch diese regelmäßig bezahlt werden. Dieser Preis liegt meistens bei unter 100 Euro im Jahr. Gegen Aufpreis kann man zusätzliche Extras beim Anbieter erhalten, diese sind aber von deinen eigenen Bedürfnissen abhängig.

Du kannst also mit 500 Euro oder weniger starten, um dir eine eigene Internetdomain zu sichern und mit dem Großhändler eine Kooperation einzugehen. Sobald du einen gewissen Umsatz erreichst, kann dein Geschäft sich selbst tragen. Dann geht es nur noch um kontinuierliche Gewinnmaximierung durch Anpassen deines Sortiments, die Optimierung, Werbemaßnahmen und Manifestierung deiner Marke.

FULFILLMENT BY AMAZON – AMAZON FBA

FULFILLMENT BY AMAZON – AMAZON FBA

Eine dem Dropshipping sehr ähnliche Methode ist eine Kooperation mit Amazon selbst. Als Fulfillment by Amazon, also Erfüllung durch Amazon bekannt, bietet es dir die Möglichkeit, ähnlich wie beim Dropshipping den Transport und die Lagerhaltung kostengünstig an Dritte abzugeben.

Ein wichtiger Unterschied zwischen diesen Methoden ist, wie bereits zuvor kurz angesprochen, dass Amazon zwar das Lager und die Verkaufsplattform anbietet, jedoch selbst keine Waren zur Verfügung stellt. Die Warenbeschaffung bleibt hier deine Aufgabe. Dies kann von Vorteil sein, ist aber auch mit Nachteilen verbunden.

So kannst du zwar dein Inventar bei richtiger Recherche weitaus interessanter und vielfältiger gestalten, als wenn du auf einen Großhändler angewiesen bist und Amazon übernimmt Transport und Kundenservice, was das Risiko von abhanden gekommenen Paketen und daraus resultierendem negativen Kundenfeedback reduziert, allerdings musst du dich um die gesamte Logistikkette bis hin zum Amazon Warenlager selbst kümmern.

Das heißt, du musst mit Herstellern in Kontakt treten, vorab Ware bestellen und bezahlen und kannst bei schlecht laufenden Verkäufen auch auf überzähliger Ware sitzen bleiben, was dir durch die Anschaffungs- und Lagerkosten ein Loch in die Brieftasche fressen kann.

Wenn du aber sorgfältig planst, kannst du mit FBA einen beachtlichen Umsatz machen.

So funktioniert es: Schritt für Schritt erklärt

Im Grunde genommen gibt es hier mehrere Schritte, die abgearbeitet werden müssen, damit am Ende alles reibungslos funktioniert.

Zunächst musst du dir ein Seller-Konto bei Amazon einrichten: services.amazon.com/fulfillment-by-amazon/benefits.html

Beim Zoll eine EORI-Nummer beantragen

Als Nächstes musst du eine EORI-Nummer beim Zoll beantragen, damit Waren, die du in die Europäische Union importierst, schnell bearbeitet und deklariert werden können. Diese Nummer gibt der Zoll nach Beantragung kostenlos aus, es werden also keine zusätzlichen Kosten für die Registrierung entstehen. Indem du bei Google nach „Zoll EORI" suchst kommst du direkt auf die richtige Seite die dich auch zum Online-Antrag bringt.

Marktforschung betreiben

Der nächste Schritt ist wieder die Vorbereitung auf den Einstieg im Bereich der Marktforschung. Auch wenn das jetzt ein sich wiederholendes Thema wird, ist es entscheidend, dass du dir ein genaues Bild vom Markt machst, damit du in einer idealen Position einsteigen kannst.

Wichtig ist hierbei, dass du beim FBA, da du eigenes Startkapital für Waren riskieren musst, nicht versuchst, am Anfang eine neue Marktlücke zu erschließen, sondern hier auf altbewährte Methoden setzt und dein Business zunächst mit bereits existierenden Verkaufsstrategien etablierst. Auch wenn es profitabel erscheint, ein noch nicht vorhandenes Produkt als Erstanbieter zu veröffentlichen, kann es passieren, dass niemand Interesse am Produkt zeigt. Wenn du mehrere Tausend Euro in die Anschaffung investierst, kann dir das schnell den Spaß verderben.

Suche also nach Nischen, bei denen du mit bereits existierenden Ideen deine eigene Marke aufbauen kannst. Du kannst auch in örtlichen Geschäften, wie zum Beispiel IKEA oder im Baumarkt nach interessanten Artikeln Ausschau halten, um dir einen genauen Überblick darüber zu machen, welche Nischen es gibt. Es hilft auch, Leute dabei zu beobachten was Sie so in den genannten Geschäften einkaufen, um ein Gefühl für unterschiedliche Bedürfnisse zu bekommen.

Mit einem Hersteller in Verbindung treten – Alibaba.com

Wenn du dich für ein Produkt entschieden hast, kannst du auf **alibaba.com,** dem größten Netzwerk für Hersteller und Fabriken, nach einem geeigneten Zulieferer suchen. Im Grunde bietet dir Alibaba die Möglichkeit, direkt mit einer Fabrik in Kontakt zu treten, damit diese das von dir gewünschte Produkt anfertigt.

Dabei kannst du sowohl auf bereits vorhandene Produkte zugreifen, als auch deine eigenen Ideen und Prototypen mit einbringen. Du kannst also auch bereits vorhandene Produkte nach deinen eigenen Ideen umgestalten und verbessern. Die Fabrik kümmert sich dann um die Herstellung.

Ein wichtiger Tipp:

Akzeptiere nicht jedes Angebot, dass man dir macht. Oftmals kannst du den verlangten Preis noch weiter drücken. Auf Alibaba.com ist Verhandlung das A und O. Lass dich nicht leichtfertig zu einem Preis überreden und bleibe standhaft. Und kontaktiere stets mehrere Anbieter, um direkt vergleichen zu können.

Tipp: Oft hast du bei Alibaba auch mit Zwischenhändlern zu tun, die natürlich auch noch etwas daran verdienen möchten. Um ein besseres Gefühl für deren Einkaufspreis zu bekommen kannst du auf **1688.com** dein Produkt direkt beim Hersteller finden und die Preise sehen, um besser verhandeln zu können. Da die Seite jedoch komplett auf chinesisch ist, musst du zuerst mit dem Google Translator den englischen oder deutschen Produktnamen in Chinesisch traditionell übersetzen, diese Zeichen dann kopieren und in die Suche auf 1688 eintragen. Wenn du Chrome als Browser benutzt kannst du zusätzlich die Seite automatisch übersetzen lassen, zumindest teilweise, um dich etwas besser zurecht zu finden.

Wenn du 2 bis 3 geeignete Hersteller gefunden hast, kannst du schon einmal Samples bestellen, um dir ein genaues Bild vom Produkt machen zu können und die Qualität zu überprüfen. Einige Hersteller verlangen unter Umständen den Originalpreis für das Sample, andere werden dir ein Sample umsonst anbieten, oder die Kosten in deine spätere Lieferung mit einbinden.

Das Branding – Markengestaltung

Du merkst vielleicht schon jetzt, dass FBA mit einem höheren Aufwand verbunden ist, als andere Methoden. Dennoch kann sich der Aufwand sehr bezahlt machen. Ein Geschäft, das mit FBA operiert hat keinen so leichten Start wie zum Beispiel Dropshipping, dafür hast du am Ende aber die volle Kontrolle über jeden Aspekt deines Geschäfts und profitierst zusätzlich von Amazons exklusiven Kundenservice sowie schnellen und zuverlässigen Lieferungen zum Endverbraucher.

Damit du soweit kommst, ist eine Sache entscheidend: Die richtige Markengestaltung.

Im Grunde genommen sind viele Produkte, die du online findest, dass exakt gleiche Modell eines Herstellers mit neuen Logos. Ein Hersteller bietet zum Beispiel eine Taschenlampe an, schlicht und einfach. Nun nehmen FBA Unternehmer diese Taschenlampe, die sie vielleicht für 5 Euro pro Stück erwerben, lassen eine Verpackung und ein Logo entwerfen, um eine Marke zu kreieren und verkaufen die gleiche Taschenlampe gegen einen Aufschlag jetzt als Markenprodukt auf dem Verbrauchermarkt.

Bist du das nächste Mal auf Schnäppchenjagd im lokalen Geschäft, dann achte doch einmal auf die vielen kleinen Dinge, die du unter etlichen Markennamen finden kannst. Oft sind es die gleichen Dinge, die du schon einmal unter einer anderen Marke irgendwo gesehen hast.

Es geht also darum, deine eigene Marke zu entwerfen und deine Waren unter dieser Marke zu verkaufen. Wenn du dabei Waren mit guter Qualität anbietest und viele Kunden mit dir und deinen Produkten zufrieden sind, dann kannst du langfristig gesehen sogar deine eigene Weltmarke aufbauen.

Bis dahin ist es aber ein weiter Weg. Für mich ist erst einmal entscheidend, dass du den richtigen Weg findest, um am Ende passiv genug zu verdienen, damit du nach Belieben deinen Horizont erweitern kannst.

Oftmals sind Markenlogos relativ schlicht gehalten, nutzen die Initialen des Unternehmens und haben einen gut gewählten Claim. Es hängt aber auch von deinem Ziel und den Produkten ab, die du anbieten möchtest.

Wichtig ist auch, dass du beim Deutschen Patent- und Markenamt (www.dpma.de) überprüfst, ob die von dir gewählte Marke noch verfügbar ist. Wenn du deine eigenen Recherchen beendet hast, solltest du jedoch einen Patent- und Markenanwalt hinzuziehen, der deine Marke für dich in trockene Tücher bringt. Dieser führt zusätzlich noch Ähnlichkeitsrecherchen durch und kümmert sich um die Anmeldung beim dpma.

Eines der wichtigsten Hilfsmittel bei der erfolgreichen Vermarktung sind professionelle Fotos. Du kannst auf Amazon auch viele Produkte finden, bei denen die visuelle Präsentation eher schlecht als recht ausgeführt wurde. Wenn du ein ähnliches Produkt, besser präsentiert bereitstellst, kannst du damit bereits die Konkurrenz bei der Neukundengewinnung schlagen.

Sofern du kein professioneller Fotograf bist, lohnt sich die Investition in einen geschulten Fotografen enorm. Selbst ein qualitativ minderwertiges Produkt kann bei guter Präsentation Gewinne erzielen.

Vorbereitung für den europäischen Markt – GTIN-13 / EAN-Nummer

Um dein Produkt bei Amazon anbieten zu können, benötigt es auch einen Barcode. Den bekommst du für jedes Produkt auf Anfrage auf www.GS1.org. GS1 ist der zentrale Verwalter aller GTIN-Nummern für den Einzelhandel, egal ob online oder traditionell.

Vorbereitung für den europäischen Markt – Amazons FNSKU

Von Amazon bekommst du eine ebenso wichtige FNSKU-Nummer, also Fulfillment Network Stock-Keeping Unit. Dies ist ein Nachweis, dass dein Produkt über Amazons FBA Service vertrieben wird und wird auf Produktlabel-Ebene angewendet. Das bedeutet, dass der Hersteller diese Nummer auf dem Produkt anbringen muss. Du musst diese Nummer lediglich dem von dir gewählten Hersteller zur Verfügung stellen, um deine Bestellung abschließen zu können.

Finalisierung deiner ersten Bestellung

Du hast also einen passenden Hersteller gefunden und alle erforderlichen Vorbereitungen für dein erstes Produkt abgeschlossen. Dann geht es jetzt darum, einen geeigneten Preis für deine erste Bestellung auszuhandeln. Dabei musst du spätere

Kosten mit Berücksichtigen, als Faustregel gilt, der Netto-Einkaufspreis sollte maximal ein Viertel des späteren Brutto-Verkaufspreises betragen.

Anfallende Kosten sind unter anderem:

- FBA-Gebühren
- Steuern und Steuerberater
- Zoll und Einfuhrumsatzsteuer
- Marketing (Fotos, Amazon PPC, Facebook Ads, etc.)
- Weitere Kosten (Quality Inspection, Freight Forwarding)

Damit du am Ende Gewinn erzielst, müssen diese Kosten in deiner Marge mit einbezogen sein. Um dir bei der Preiskalkulation zu helfen, gibt es im Internet verschiedene FBA-Rechner, die du kostenlos nutzen kannst. Zum Beispiel kannst du diesen FBA-Rechner (www.fba-rechner.de) nutzen. Mein Beispielrechner kommt mit allen wichtigen Funktionen. So kannst du Steuerkosten, sowie eventuelle Zusatzkosten in Verbindung mit dem Amazon Service mit einkalkulieren.

Quality Inspection – gehe auf Nummer sicher!

Viele Waren werden heutzutage in China produziert. Das erlaubt uns als FBA-Händler günstige Einkaufspreise, die uns bei der Gewinnmaximierung helfen. Allerdings ist nicht jede Fabrik für hohe Qualität bekannt. Auch wenn sich über die Jahre ein gewisser Standard etabliert hat, kann man immer noch minderwertige Produkte finden. Daher ist dieser Schritt - die Qualitätskontrolle - auch ein notwendiges Übel auf deiner To-do-Liste.

Denn wenn deine Produkte ins Amazon Lager kommen und von dort aus direkt zum Kunden gehen, hast du keinen Einfluss mehr darauf, wie der Kunde dich als Unternehmen wahrnimmt. Wenn er ein defektes oder minderwertiges Produkt erhält, kannst du negative Bewertungen erhalten. Im schlimmsten Fall kann Amazon sogar die Kooperation mit dir einstellen und dein Konto stilllegen, um Kundenzufriedenheit zu sichern.

Du musst jetzt allerdings nicht nach China reisen und deine Bestellung mühselig selbst genauer unter die Lupe nehmen. Es gibt Agenten, die dir diese Arbeit abnehmen.

Hier eine Liste einiger in China ansässiger Inspekteure:

- Sofeast (http://www.sofeast.com)
- Asiainspection (https://www.asiainspection.com)
- V-Trust Inspection Service (https://www.v-trust.com)
- Baysource Global (https://baysourceglobal.com)

Dies ist nur ein kleiner Auszug der nennenswertesten Firmen, du kannst noch weitere finden. Über diese Anbieter kannst du dann eine **Vor-Ort Inspektion** deiner Produktion in Auftrag geben. Dabei solltest du Wert auf die folgenden Inhalte der Inspektion legen und dem Inspekteur, auch wenn dieser mit den Prozessen bestens vertraut ist, genau mitteilen, welche Punkte dir wichtig sind.

Die Qualität

Sind die Produkte in der gewünschten Qualität? Verschließen sie richtig? Sind Kratzer auf der Oberfläche und ist dein Logo in den richtigen Farben gedruckt? Diese Liste kann man endlos fortführen und hängt stark von deinem Produkt ab. Wichtig ist, dass du den Quality-Inspector genau instruierst.

Das Label

Es ist wichtig, dass das Produktlabel gut lesbar ist, einen weißen Hintergrund und Schwarze Farbe hat, sowie keine weiteren Barcodes und Labels auf der Verpackung vorhanden sind. Der Barcode sollte einzigartig sein.

Die Verpackung

Die Verpackung muss für den Transport der Ware geeignet sein und sie vor den Elementen schützen. Gerade wenn du elektronische Waren bestellst, sollten diese ausreichend vor Regen geschützt und gut gepolstert sein. Amazon wird deine Waren nicht neu verpacken, es ist also entscheidend, dass die Verpackung beim Hersteller es in einem Stück bis zum Kunden schafft.

Die richtige Menge

Nicht nur sollte deine Ware in der richtigen Anzahl vorhanden sein, es ist auch, gerade für den Zoll wichtig, dass die Daten mit den Frachtpapieren übereinstimmen. Ein Paket mit einem eindeutigen Identifizierungscode, dem Label, sollte auch nur ein Produkt beinhalten.

Wenn du zum Beispiel 50 Artikel bestellst, dann können sie in 5 Paketen zu je 10 Artikeln geliefert werden. Wenn die Ware aber unregelmäßig aufgeteilt ist, also zum Beispiel 6 Pakete mit 48 Artikeln und 1 Paket mit 2 Artikeln, dann kann es schnell zu Problemen kommen.

Als Regel gilt, die SKUs (Stock Keeping Unit) dürfen nicht vertauscht werden. Jede SKU hat ihr eigenes Paket.

Wenn du deine Waren durch eine Inspektionsfirma überprüfen lässt, können qualitative Mängel zeitnah behoben werden. Sollte der Hersteller nicht in der Lage sein, diese Mängel zu beheben, so kannst du dann zur Not auch auf einen anderen Hersteller ausweichen.

Es kann finanziell und zeitlich belastend wirken, aber wenn du auf eine Qualitätskontrolle verzichtest und am Ende mit fehlerhafter oder unzureichender Ware dastehst, kann dich das unter Umständen dein Geschäft kosten.

Die erste Lieferung – Logistik

Die Ware ist fertig produziert und zum Transport bereit. Die Qualitätsinspektion war auch erfolgreich und keine Mängel wurden festgestellt. Dein Produkt kann jetzt die Reise ins Amazon-Lager antreten, wo sie dann weiter auf die Reise zu deinen ersten Kunden geschickt wird.

Der Weg ist allerdings lang und führt dabei durch Häfen oder Flughäfen und dem Zoll. Damit hier alles reibungslos abläuft und der Aufwand relativ gering bleibt, kannst du einen **Freight Forwarder**, also einen **geeigneten Spediteur** damit beauftragen.

Dieser übernimmt den Transport von Anfang bis Ende und sorgt dafür, dass auch Zollabwicklungen ohne Probleme von der Bühne gehen.

DHL bietet Global Forwarding, also den internationalen Transport inklusive aller anfallenden Schritte an. Du kannst also über die DHL-Internetseite direkt eine Transportanfrage abgeben. DHL kümmert sich dann um deinen Transport, kann dir sagen, wann deine Ware ankommt und dir zusätzliche Sicherheiten, wie zum Beispiel eine Versicherung für den Transport anbieten.

Ein wichtiger Aspekt, für den du dich entscheiden musst, ist welchen Weg deine Ware einschlagen soll. Du kannst über den Luftweg oder den Seeweg deine Ware transportieren lassen. Hier spielen Kosten aber eine wichtige Rolle. Der Seeweg braucht wesentlich länger, als ein Luftfrachttransport, letzterer kann aber unter Umständen bis zu 6-mal teurer sein. Bei der Luftfracht spielt neben dem Volumen auch das Gewicht noch eine große Rolle.

Es empfiehlt sich daher, den Luftweg nur zu wählen, wenn du zum Beispiel kaum noch Ware auf Lager hast und schnell Nachschub ordern musst. Wenn Zeit keine Rolle spielt, ist der Seeweg wirtschaftlich die bessere Lösung. Wenn du aber schneller an den Markt gehen möchtest, kannst du, eine Hinnahme der höheren Kosten vorausgesetzt, für deine erste Lieferung den Luftweg wählen.

Sobald deine Ware beim Amazon Lager angekommen ist, übernimmt Amazon alles weitere über den hauseigenen Speditionsvertrag.

Die Ware online anbieten – Das Listing

Nun geht es darum, dem potenziellen Kunden die Ware zu präsentieren. Du kannst dabei auf Informationen vom Hersteller zugreifen, allerdings ist es mitunter sinnvoller, die Artikelbeschreibung selbst in die Hand zu nehmen. Das Listing ist deshalb so wichtig, weil es darüber entscheidet, wie der Kunde dich wahrnimmt. Mit professionellen Fotos und einer ansprechenden Artikelgestaltung kannst du auch misstrauische Kunden für dich gewinnen.

Wie auch bei den vorherigen Methoden zu passivem Einkommen spielen Keywords eine bedeutende Rolle. Damit man dein Produkt leicht findet, solltest du dich an den Keywords ähnlicher Produkte orientieren. Auch zu Beginn lohnt es sich, deine eigene Marke als Keyword festzulegen. So wird dies in den Suchalgorithmus von Amazon mit einbezogen und macht sich später bemerkbar, wenn du weitere Produkte unter der gleichen Marke mit anbietest. Kunden, die eines deiner Produkte dann über die Amazon Suchleiste suchen, werden auch deine anderen Produkte sehen.

Die Ware online anbieten – Rechtliche Grundlagen

Ein wichtiges Detail deiner Amazon-Seller-Page ist das Vorhandensein eines Impressums, sowie genereller AGB. Außerdem empfiehlt sich eine eine Lizenz nach der deutschen Verpackungsverordnung und mittelfristig, je nach Produkttyp, auch eine Produkthaftpflicht.

Die Verpackungsverordnung und die anstehenden Pflichten als selbstständiger Unternehmer im FBA Business sind vielen

Neueinsteigern ein Rätsel. Dabei ist die Prozedur relativ leicht. Bei einem der Anbieter des sogenannten dualen Systems für die Entsorgung und Wiederverwertung von Verpackungsmaterial kaufst du dir eine Lizenz für eine bestimmte Menge an Verpackung, die du durch deine Tätigkeit in den Handel bringst. Dabei gibst du an, wie viel Verpackungsmaterial du einbringst, dies kannst du vom Hersteller, der dir dein Produkt verpackt, erfahren.

Wenn du die Lizenz besitzt, bist du auf der sicheren Seite. Du kannst auch ohne die Lizenz starten, wenn du auf erste Einnahmen warten möchtest, aber wenn später bei einer Kontrolle auffällt, dass du keine gültige Lizenz besitzt, dann kann das Geldstrafen von bis zu 50.000 € nach sich ziehen!

Nach dem Verkaufsstart

Jetzt geht es nur noch darum, dein Produkt durch die richtige Werbung weiter zu fördern, bis genug Kunden für das nötige Momentum sorgen, um Verkäufe von sich aus weiter anzukurbeln. Gerade zu Beginn ist es wichtig, das Momentum aktiv aufzubauen. Nutze dafür Möglichkeiten wie PPC Anzeigen und das Platzieren von Werbebannern mit Google Ads. Auch Rabattaktionen und andere Angebote können Neukunden dazu bewegen, deinem Produkt eine Chance zu geben, wenn sie noch unentschlossen sind. Zu guter Letzt nutze Affiliate Marketing Strategien, um nützliche Produktreviews zu bekommen.

Wichtige Tipps und Tricks

Die richtige Nische finden

Genau wie beim Dropshipping geht es um das richtige Produkt für den richtigen Markt. Du musst den vorhandenen Markt vorher genau beobachten. Suche nach Produkten, die sich gut verkaufen, aber noch relativ wenig Konkurrenz haben.

Auch, wenn dein Produkt eine gewisse Innovation gegenüber der Konkurrenz aufweisen kann, hast du einen Vorteil bei der Neukundengewinnung. Es geht im Kern darum, dem Kunden einen Mehrwert bieten zu können. Dabei ist es nicht entscheidend, ob das "Mehr" durch Qualität oder zusätzliche Features entsteht.

Halte auch nach Produkten Ausschau, die sich zwar bisher gut verkaufen, aber eine eher fragliche Präsentation hinlegen. Du kannst so Kunden vom bisherigen Produkt durch geeignetes Marketing auf deine Seite locken.

Klein anfangen

Auch wenn sich mit verschiedenen Dingen, gutes Geld verdienen lässt, solltest du es für den Einstieg in Erwägung ziehen, auf einfache Produkte zurückgreifen. Dein Produkt sollte folgende Kriterien erfüllen, damit sowohl Produktion, Lagerung, Verkauf und das Handling beim Kunden einfach von der Bühne gehen:

- Ein kleines Produkt, geringes Gewicht
- Nicht zerbrechlich

- Nicht elektronisch
- Nicht zu komplex
- Nicht saisonal begrenzt
- Einzelpreis zum Verkauf mindestens 12 bis 20 Euro

Du kannst später immer noch auf andere Produkte expandieren, aber zunächst sollte dein Ziel sein, für so wenig Kapital wie möglich dein Geschäft zu entwickeln und zu etablieren.

Wert auf die Vermarktung legen

Professionelle Fotos, eine gute Artikelbeschreibung und der richtige Start ins Geschäft sind das A und O. Wenn du am falschen Ende sparst, verkaufst du weniger, als du tatsächlich verkaufen könntest. Dies kann dein Geschäft bereits zu Beginn in die Knie zwingen.

Markiere dir Dinge, die zunächst nicht so wichtig, oder das Geld nicht wert wirken, wie zum Beispiel die Fotos, ganz dick auf deiner Checkliste. Du kannst auf Youtube sehen, wie der Fast-Food-Riese McDonalds seine Werbung handhabt: https://www.youtube.com/watch?v=oSd0keSj2W8

Ein Blick hinter die Kulissen zeigt, dass selbst etwas so scheinbar einfaches wie das Fotos eines BigMac einen langen Weg geht und viel Aufwand betrieben wird, nur um die Zutaten ins richtige Licht zu rücken. Du solltest bei deinem Produkt den gleichen Wert auf die Präsentation legen und einen professionellen Fotografen beauftragen.

Manche Produkte scheitern nicht an schlechten Rezensionen. Sie bekommen erst gar keine, weil niemand das Produkt kaufen will.

Keywords – Der "Schlüssel" zum Erfolg

Das beste Foto nützt nichts, wenn die Kunden dein Produkt nicht finden, weil es falsch kategorisiert ist und keine, oder unzureichende Keywords verwendet. Ich bin bereits im MBA Kapitel auf Keywords eingegangen und die Wichtigkeit zieht sich durch alle Verkaufsstrategien, die du mit Amazon und anderen Plattformen umsetzen willst.

Die Methode ähnelt der SEO, Search Engine Optimization, also Suchmaschinenoptimierung. Wenn du Google nach Käse fragst, wird Google dir die Seiten zuerst präsentieren, die wahrscheinlich dem Kriterium am nächsten sind.

Dadurch verwenden viele Seitenbetreiber gezielt Keywords über die gesamte Seite verteilt, um Google mitzuteilen, dass sie den gewünschten Inhalt in großen Mengen anbieten. Es mag zwar einfach klingen, allerdings hat sich daraus ein ganzes Berufsfeld entwickelt.

Verwende auf deiner Produktseite also Keywords, die das Produkt und dessen Nutzen gut beschreiben. Richte dich nach bereits vorhandenen Produkten und schaue dir deren sichtbare Keywords im Listing an, wenn du dir nicht sicher bist. Du kannst auch einen professionellen Service dazu beauftragen dein Listing zu perfektionieren.

Der Launch – Momentum generieren

Dein Produkt hat also den mühseligen Weg vom Prototypen, über die Produktion und Transport, bis hin zum Amazon Warenlager überstanden. Alle Labels sind konform, alle notwendigen Regelungen sind eingehalten und deine Checkliste sagt in einem fetten Grün "erledigt". Professionelle Fotos zieren deine Artikelbeschreibung und das richtige Keywording sorgt dafür, dass man es leicht findet.

Jetzt musst du nur noch das richtige Momentum entwickeln, damit dein Artikel in der Amazon Suchliste nach ganz oben rutscht und deine Verkaufszahlen an die Decke katapultiert.

Wie auch beim Dropshipping geht es darum, zu Beginn viel Werbung zu machen. Externer Traffic, Amazon Ads, Rabattaktionen, Gutscheine, Affiliate Marketing und mehr. Du musst jede Möglichkeit nutzen, um dein Produkt in die Köpfe der Menschen zu rücken. Gerade zu Beginn ist es wichtig, viele Verkaufszahlen zu erreichen, denn Amazon berücksichtigt dies als die heiße Phase. Wenn du dich als sogenannter Aufsteiger etablierst, hilft Amazon dir auch selbst, Kunden in deinen Shop zu locken indem du auf Seite 1 der Ergebnisse oben gerankt wirst.

Auch wenn du mit dem FBA begonnen hast, um Geld zu verdienen, sollten jetzt am Anfang wirklich 5-Sterne Bewertungen und viele Verkäufe (auch ohne Gewinn über Gutscheine) dein Ziel sein. Selbst Firmen beschäftigen sich damit, Geld über das Verkaufen von Amazon Bewertungen zu machen. Diese Firmen beauftragen Leute mit dem Erwerb der Ware und dem Schreiben einer Bewertung. Die ist jedoch nach den Amazon

Policies nicht erlaubt und kann zur Sperrung deines Verkäuferkontos führen.

Außerdem kann es passieren wenn Freunde und Bekannte dein Produkt kaufen und dir eine Rezension schreiben, dass diese von Amazon gelöscht wird. Amazon erkennt nämlich unter anderem welche Personen im gleichen WLAN Heimnetz waren wie du. Wenn Amazon zu viele Unregelmäßigkeiten wahrnimmt, kann Amazon dein Konto stilllegen. Versuche also, auf ehrliche Weise an die guten Bewertungen zu kommen.

Krass!

Alle Vorteile auf einen Blick

Die besten Skalierungsmöglichkeiten
Mit Amazon FBA besitzt du ein vollwertiges Geschäft. Du bestellst deine eigenen Waren aus dem Ausland, importierst diese und verkaufst sie als eigene Marke für einen Mehrwert. Dabei hast du eine absolut freie Auswahl an Produkten. Du bist nicht auf einen Hersteller oder eine Produktpalette begrenzt und kannst jederzeit neue Produkte in dein Inventar mit aufnehmen. Du kannst auch neue Produkte ordern, also bei den Fabriken neue Produkte herstellen lassen, zum Beispiel eine neu designte Tasche, etc.

Du kannst das Geschäft so führen, dass du im Monat ein paar hundert Euro verdienst. Du kannst es aber auch so führen, dass du in nur wenigen Monaten dein Einkommen vergrößerst und bald ein Jahreseinkommen in nur einem Quartal, oder gar einem Monat erzielst.

Das schwierigste ist der Start, danach kannst du mit nur wenigen Schritten expandieren.

Die Konkurrenz hält sich noch in Grenzen
Wenn du bis hierhin alles gelesen hast, dann denkst du sicher folgendes: Der Aufwand für FBA ist enorm!

Ja, und das ist auch gut so. Denn viele sind durch den nötigen Aufwand abgeschreckt, auch wenn dieser tatsächlich nur auf dem Papier und am Anfang so kompliziert wirkt. Dabei musst du aber tatsächlich nur E-Mails schreiben, Telefonate führen und am Computer dein Geschehen managen. Auch die nötigen Zollregelungen und Identifikationsnummern kannst du per Telefon oder E-Mail beantragen.

Diese Vorbereitungen sorgen aber auch dafür, dass die Konkurrenz eher klein gehalten ist. FBA bietet eines der besten Geschäftsmodelle um von zu Hause aus gutes Geld verdienen zu können. Es erlaubt Selbstständigkeit und Freiheit bei der Gestaltung. Und trotzdem trauen sich viele nicht, den Schritt zu wagen, weil sie lieber wenig Aufwand für schnelles Geld aufbringen möchten.

In Wahrheit gibt es aber kein schnelles Geld mit wenig Aufwand, es sei denn, es ist mit einem großen Risiko behaftet, wie zum Beispiel der Handel mit Kryptowährungen. Wenn du also diese Hürden des FBA meisterst, kannst du dir ein unglaublich gutes Geschäft aufbauen. Ich erwähnte bereits am Anfang des Buches einige meiner Freunde, die mit nur ein paar Artikeln mit FBA im Monat weit über 10.000 Euro verdienen.

Die Nachteile auf einen Blick

Startkosten fallen höher aus, als bei anderen Methoden

Wohl der größte Nachteil beim FBA ist das notwendige Startkapital, um wirklich durchstarten zu können.

Das Produkt muss bei der Fabrik in China oder anderen Ländern erst bestellt und angefertigt werden. Auch wenn die Firmen auf Alibaba einen wirklich günstigen Preis bieten (Produkte für teilweise 0.99 Cent pro Stück), müssen diese in größeren Mengen, abhängig vom Anbieter bestellt werden. Da kann eine 2 Euro Taschenlampe schon zu Buche schlagen, wenn 1000 Stück bestellt werden müssen. Man kann auch Angebote für Mengenbestellungen ab 100 Stück finden, es hängt ganz vom Produkt und dem Hersteller ab.

Die Qualität muss auch vor Ort von einem Dienstleister überprüft werden, damit du kein minderwertiges Produkt erhältst. Auch dieser lässt sich die Arbeit gut bezahlen.

Dann kommen noch die Transportkosten hinzu. Auch wenn DHL günstig ist, macht sich eine internationale Lieferung nach Volumen im Preis bemerkbar. Es wird teurer, wenn du dich für den schnelleren Luftweg entscheidest. Zoll und Steuern müssen bezahlt werden. Weil du Verpackungsmaterial einführst, musst du auch eine Lizenz für die Entsorgung erwerben.

Wenn du dein Produkt richtig präsentieren willst, müssen auch professionelle Fotos angefertigt werden. Schließlich geht es noch intensiv um das Marketing. Hier musst du alle Möglichkeiten ausschöpfen, um schnell möglichst viele Kunden anzuziehen.

Die Liste mit entstehenden Vorabkosten ist lang. Aber lass dich davon nicht abschrecken. Es geht einzig um die richtige Planung. Finanziell gesehen hat FBA ein hohes Risiko am Start, denn bis du deine Ausgaben wieder einholen kannst, vergehen ein paar Monate. Danach kannst du aber genug Geld verdienen, um alle neu entstehenden Ausgaben damit abzudecken und noch Geld für dich selbst einzunehmen.

Wichtig ist hier, am Ball zu bleiben. Die Investition ist nur verschwendet, wenn du auf halbem Weg das Handtuch schmeißt.

Laufende Kosten - Lagerhaltung etc.

Auch wenn du durch Amazons Mithilfe kein eigenes Lager verwalten und Fachpersonal einstellen musst, beteiligt dich Amazon an den entstehenden Kosten, basierend auf der Größe deines Inventars. Diese laufenden Kosten müssen durch Einnahmen ausgeglichen werden. Daher solltest du am Anfang nur wenige Artikel bestellen, 500 Stück ist ein guter Richtwert, je nach Artikel kannst du auch mit weniger starten. Denn wenn sich etwas nicht gut verkaufen lässt, bleibst du auf den Lagerkosten und der unverkauften Ware sitzen.

Die richtige Planung bei der Nachbestellung ist auch etwas knifflig, denn wenn sich dein Produkt plötzlich im Eiltempo verkauft, dann kann es passieren, dass du früher als erwartet nachbestellen musst. Dort kann es dann hilfreich sein, per Luftfracht nachzubestellen, um die Ware zeitnah dem Kunden liefern zu können.

Nach einer gewissen Zeit im Geschäft merkst du aber, in welchen Intervallen du nachbestellen musst, um immer ein ausreichendes Sortiment auf Lager zu haben. Mit der Zeit automatisieren sich diese Abläufe und du kannst besser vorausplanen.

Lange Vorbereitungszeit

Vom Ziel, ein FBA-Business aufzubauen, bis zum ersten Verkauf vergeht viel Zeit. Je nach Produkt und Hersteller kann bereits die Produktion mehrere Wochen bis hin zu einigen Monaten beanspruchen. Auch der Transport ist bei Seefracht oft 6-8 Wochen unterwegs.

Schon vor dem ersten Verkauf müssen viele Vorbereitungen getroffen werden. Marktforschung, Transportaufträge, Steuernachweise, Lizenzen für die Entsorgung, es gibt viele Punkte, die abgearbeitet werden müssen. Und es gibt hier leider keine Abkürzungen.

Es ist aber gut zu wissen, dass es noch mehr Dinge, wie Zollabwicklungen gibt, die auch recht kompliziert sein können, aber durch Dokumentation vom Hersteller und der beauftragten Spedition erledigt werden.

Sehe FBA als eine Langzeitinvestition an. Du musst am Anfang einige große Hürden nehmen, kannst dich dafür am Ende aber umso mehr zurücklehnen und wesentlich mehr Geld verdienen als zum Beispiel im T-Shirt Business.

Zur Vertiefung: Nützliche Tools und Webseiten

FBA kann ein sehr kompliziertes Thema sein, Marktforschung braucht Zeit und die Fülle an Artikeln kann überwältigen. Allein die richtige Nische zu finden, kann Wochen in Anspruch nehmen. Auch die Preiskalkulation für deine eigenen Waren kann umständlich sein.

Da FBA aber mit der Zeit immer populärer wird, haben sich auch nützliche Hilfsmittel herausgestellt, die dir das Leben ungemein einfacher gestalten können. Ich möchte dir daher auch hier wieder behilflich sein und dir die Tools präsentieren, mit denen die meisten erfolgreichen Seller arbeiten.

Junglescout
https://www.junglescout.com/de

Die erste Empfehlung ist auf die Optimierung deiner Produktplanung ausgelegt und kann dir bei der Marktforschung sehr behilflich sein. Junglescout wurde von einigen der ersten Amazon Seller programmiert und soll es dir erleichtern, Produkte zu filtern und Nischen zu finden.

Du kannst Keywords suchen und genau sehen, wie viele Produkte in welchen Bereichen die Keywords verwenden, wie beliebt sie sind und welchen Preis sie im Durchschnitt erzielen. Zusätzlich erlaubt Junglescout dir, Produkte zu finden, die sich gut verkaufen lassen. Du hast jederzeit alle wichtigen Daten im Überblick. Es erlaubt genauen Einblick in verschiedene Seller, deren Inventar und was ihr Geschäft so erfolgreich macht.

Dadurch kannst du dir von Profis alle wichtigen Schritte abgucken und auch bei der Preisgestaltung stets die Konkurrenz im Auge behalten.

==Junglescout ist kostenpflichtig== und kann in 3 verschiedenen Versionen für ab 25 Dollar pro Monat abonniert werden. Dabei stehen dir eine Web-App und eine Google Chrome Extension zur Verfügung.

Wenn du großen Wert auf deine Marktforschung legen willst, um gleich zu Beginn das richtige Produkt finden zu können, dann ist dies eine Investition, die sich lohnt.

Junglescout Sales Estimator
https://www.junglescout.com/estimator

Ein weiteres, diesmal kostenloses Tool zur Unterstützung deiner Verkaufsplanung ist der Sales Estimator. Damit kannst du dir die durchschnittlichen Verkaufszahlen von verschiedenen Rankings in verschiedenen Bereichen von Amazon anschauen, um gleich zu Anfang ein ungefähres Bild von möglichen Gewinnen zu bekommen.

Wenn wir zum Beispiel schauen, wie viele Verkäufe du im Bereich Sport und Freizeit erwarten kannst, wenn du auf Platz 3500 im Deutschen Markt, also im Mittelfeld, bist, so berechnet das Programm über vorhandene Daten einen geschätzten Verkauf von 233 Artikeln pro Monat. Wenn ein Artikel 27 Euro kostet und dir einen Gewinn von 9 Euro pro Artikel einbringt, sind das schon 2.097 Euro Gewinn pro Monat.

Der erstplatzierte Artikel im deutschen Amazon Markt für Sport und Freizeit erzielt ca. 4860 Verkäufe pro Monat.

Du kannst also mit diesem Tool sowohl deine eigenen möglichen Profite einschätzen, als auch vorhandene Artikel mit dem Junglescout suchen und anhand des Sales-Ranges dann mit dem Estimator einschätzen, welchen Umsatz das jeweilige Produkt im Durchschnitt erzielt.

So weißt du auch, welche Gewinne du erwarten kannst, wenn du ein Konkurrenzprodukt auf den Markt bringst und dich im Ranking gut platzierst.

Sellics – Automatisierung und Analyse
https://sellics.com/de

Mit Sellics erhältst du ein weiteres kostenpflichtiges Tool, diesmal um deine eigene Position im Markt zu managen und genau zu sehen, wo und warum dich Konkurrenz unter Umständen übertrumpft.

Außerdem kannst du mit Sellics deine PPC-Kampagnen automatisieren und optimieren. Im Durchschnitt erreichst du mit Sellics einen Zuwachs an der ROI (Return On Investment - Kapitalrendite) von x1.6.

In einfacheren Worten bedeutet dies, dass der Mitgliedschaftsbeitrag, den du in Sellics investierst, dabei hilft, deinen durchschnittlichen Umsatz für deine Verkäufe um 60 % zu erhöhen. Viele Faktoren spielen am Ende eine Rolle darin, wie gut dein Geschäft läuft. Aber Sellics bietet dir eine Möglichkeit, das Beste aus deiner Werbung und deinen Aktionen herauszuholen, damit auch dein Amazon Ranking bessere Aussichten auf Erfolg hat.

Amalyze – Das Flaggschiff
https://www.amalyze.com

Ein weiteres Tool, ähnlich wie Junglescout, erlaubt dir Produkte nach Rankings, Keywords und mehr zu filtern. Es bietet zurzeit eine Datenbank mit über 5.000.000 Produkten und mehr als 32.000.000 Keywords, um das richtige Produkt für deinen Einstieg ins FBA-Business zu finden.

Auch Amalyze ist kostenpflichtig, dabei preislich sogar teurer als Junglescout. Es bietet dir aber eine Möglichkeit, das Produkt für 9 € einmalig in einem Zeitraum von 48 Stunden zu testen.

Du kannst also vor Beginn deines Projekts mit Amalyze den Markt erforschen und wenn dir das Produkt zusagt, kannst du dann später eine längere Laufzeit erwerben.

Eine gute und auch sehr beliebte Alternative zu Amalyze ist Helium 10 (https://www.helium10.com).

Sellerboard
https://sellerboard.com/de

Das Sellerboard ein praktisches Tool zur Analyse deiner Verkaufszahlen, Umsatz, Inventarverwaltung, Stornierungen sowie allen Gebühren und Abgaben. Du kannst einen Überblick über alle Einnahmen und Ausgaben gewinnen und hast so auf einen Blick jederzeit im Blick, welches Produkt sich gut verkauft und welches eher eine Last darstellt. So kannst du zeitnah auf Änderungen reagieren und deine Strategien an den Markt anpassen.

Sellerboard ist auch kostenpflichtig, bietet es dir aber an, das Produkt für einen Zeitraum kostenlos zu testen.

Private Label Journey
http://privatelabeljourney.de

Private Label Journey ist ein deutscher Blog mit Podcasts, nützlichen Ressourcen und Einsichten in das Leben eines Entrepreneurs. Gil und Thomas standen einst da, wo du jetzt stehst: Vor dem großen Ziel der Selbstständigkeit, bereit, dem Leben als Angestellter zu entfliehen.

Auf ihrem Blog kannst du jede Menge weitere Infos zum Thema FBA finden. Sie zeigen dir, welchen Weg sie gegangen sind, welche Fehler sie gemacht haben und was sie daraus gelernt haben. Nichts kann dir besser helfen, deinen Einstieg zu finden, als von denen zu lernen, die diese Hürde bereits gemeistert haben.

Diese und noch einige weitere Links findest du, übersichtlich sortiert nach Thema, auf der Webseite zum Buch unter:
www.freedom-builder.de/passives-einkommen

Die Zusammenfassung

Amazon FBA ist die wohl beste Möglichkeit, um auf lange Sicht ein enormes, passives Einkommen zu generieren. Der Einstieg ist nicht so leicht umzusetzen, wie zum Beispiel das Dropshipping, bietet dir aber alle unternehmerischen Freiheiten und hält auch die Konkurrenz in Grenzen. Mit der richtigen Strategie kannst du dir ein wahres Imperium aufbauen und dann nach Belieben in andere Richtungen expandieren.

Finanziell gesehen ist Amazon FBA auch das größte Risiko bei falscher Planung, die dir aber hoffentlich durch dieses Buch und der enthaltenen Ressourcen erspart bleibt. Es ist keine Zauberei, alles was du brauchst, sind die richtigen Schritte und den Willen, dein eigenes Business aufzubauen.

Als Startkapital solltest du aber mindestens 4.000 bis 5.000 Euro zurücklegen, damit du genug Spiel hast, um alle anstehenden Kosten zu tragen. Es mag viel Geld sein, aber du kannst am Ende mehr als das zehnfache wieder herausholen, wenn du deinen Weg nur richtig planst.

Auch zeitlich gesehen ist es eine lange Durststrecke, bis du deinen ersten Verkauf feiern kannst. Im Durchschnitt dauert es von der ersten Marktrecherche bis zum ersten Verkauf 2 bis 6 Monate. Danach läuft es aber durchgehend und du musst dich nur um Nachschub kümmern und die nächsten Schritte deines Weges planen.

Dafür hast du mit Amazon FBA aber einen Weg eingeschlagen, der sich am Ende mehr lohnen kann, als andere Methoden. FBA ist bereits jetzt der Weg, der den meisten Profit bringt.

Wenn du das Startkapital und den eisernen Willen für ein FBA-Business aufbringen kannst, erwartet dich die finanzielle Freiheit, die dein bisheriges Jahresgehalt wie Trinkgeld aussehen lässt.

ONLINE VIDEOKURSE – WEBINARE

ONLINE VIDEOKURSE – WEBINARE

Das folgende Kapitel beschäftigt sich mit der Möglichkeit, vorhandenes Fachwissen zu vermarkten. Auch wenn es zahlreiche Medien gibt, mit denen du dein Wissen erweitern kannst, ist für Einige die Teilnahme an Webinaren und Videokursen weiterhin ein beliebtes Mittel, um mit einer etwas direkteren Erfahrung zu lernen. Während Bücher eher die Theorie präsentieren und regional begrenzte Kursbesuche unter Umständen an der Distanz scheitern, bieten Onlinekurse eine Option, die jederzeit von überall aus funktioniert.

Dabei gibt es zwei Varianten. Die eine ist der Verkauf von vorab angefertigtem Videomaterial. Dies hat den Vorteil, dass der Lernende sich das Video nach Belieben erneut anschauen und pausieren kann, sollte er Probleme haben, alle Inhalte gleich zu verarbeiten.

Die zweite Variante stellt direkte Onlinesitzungen dar. Diese haben den Vorteil, dass deine Zuschauer bei Bedarf auch Fragen stellen können und der Tutor mehr auf die individuellen Bedürfnisse der Teilnehmer eingehen kann.

In beiden Fällen kann das Videomaterial durch Beigabe von schriftlichem Lehrmaterial, sowie der Nutzung von Hilfsmitteln wie etwa Powerpoint Präsentationen unterstützt werden.

Zwar kannst du viele Informationen auch mit langer Eigenrecherche aus dem Internet fischen, Webinare und Videokurse sind aber oft qualitativ besser und gehen viel tiefer, da kaum jemand wirklich wertvolles Fachwissen kostenlos ins Netz stellt.

Wenn du auch auf einem oder mehreren Gebieten Fachwissen besitzt, kannst du mit diesem Fachwissen passiv Geld verdienen. Je nach Thema kann ein Webinar oder Videokurs dabei inhaltlich zeitlos sein, was bedeutet, dass es auch über Jahre noch nützlich ist und dadurch passives Einkommen generiert.

So funktioniert es: Schritt für Schritt erklärt

Es geht darum, dein Fachwissen in ein Videoformat zu packen, bei dem du Teilnehmern die Inhalte nach bestem Wissen und Gewissen vermittelst. Die Themen sind dabei vielfältig.

Ein Steuerberater kann zum Beispiel Seminare anbieten, die sich mit Taktiken beschäftigt, um auch Laien beim Sparen von unnötigen Steuern zu helfen oder gezielt ihr Business durch Steuernachlässe positiv zu beeinflussen.

Die Vorgehensweise ist dabei wie folgt:
Ein Kursvideo wird aufgezeichnet

Das Video wird erstellt. Dabei will aber eine gute Vorbereitung umgesetzt werden, um den Ablauf flüssig und professionell zu halten. Genau wie auch Lehrer an Schulen sich auf den Arbeitstag vorbereiten, Lehrmaterial vorbereiten und die anstehenden Themen durchplanen, müssen auch vor dem Videodreh der Ablauf und der zeitliche Rahmen gut durchdacht sein.

Das Video wird auf eine der Anbieterplattformen oder auf einer eigenen Internetseite hochgeladen. Im Falle von speziellen Anbietern ist der Vorgang mit dem Kauf des Videos bereits in die Website integriert, bei einer eigenen Webseite musst du dich darum kümmern, dass Nutzer erst Zugang zum Video erhalten, wenn sie es erworben haben.

Der Ablauf - Dein Wissen vermarkten

Zunächst musst du ein Thema ermitteln, für das du besonderes Fachwissen besitzt. Dabei ist dies nicht auf berufliche Erfahrung limitiert, solange du deinen Teilnehmern nützliche Informationen bieten kannst, ist dein Wissen Gold wert.

Du kannst auch Wissen vermarkten, welches du dir vielleicht selbst kürzlich erst angeeignet hast. Es ist auf jeden Fall lohnenswert, wenn du praktische Erfahrungen in einem Feld besitzt, da Teilnehmer so direkt von deinen gemachten Erfahrungen profitieren können.

Ein Seminar über Marktforschung kann zum Beispiel sehr hilfreich dabei sein, die richtigen Mittel und Wege zur Analyse zu erlernen. Umso besser, wenn der Seminarleiter selbst aktiv in der Marktforschung unterwegs ist und so persönliche Geschichten mit theoretischem Wissen vereinen und spielerisch vermitteln kann.

Bei der Themenwahl hast du also 2 Möglichkeiten:

1. Du hast bereits umfassendes Wissen in einem Bereich und kannst direkt damit beginnen, das Thema aufzuarbeiten. Hierbei ist allerdings wichtig, dass für das Thema auch eine gewisse Nachfrage besteht. Ich kann dir zum Beispiel alles über die Züchtung von Rosen erzählen, allerdings wird kaum jemand Interesse an einem kostenpflichtigen Seminar darüber haben.

2. Du suchst dir ein Thema, für das bereits eine unzureichend gedeckte Nachfrage besteht, welches du aber leicht erlernen kannst. Dann machst du für dieses gewählte Thema dein eigenes Webinar.

Wenn du die bisherigen Kapitel gelesen hast, weißt du schon, worauf es hinausläuft: Nischenfindung.

Ein Lehrvideo veröffentlichen

Mache dich mit Anbietern vertraut

Um mit deinem Video Geld zu verdienen, musst du es auf einer Seite anbieten, die Bezahlung und Freischaltung des Videos für Käufer automatisiert. Es gibt hier gleich mehrere Anbieter, die dir dabei helfen, dein Lehrmaterial zu veröffentlichen und zu vermarkten.

Udemy
https://www.udemy.com

Udemy ist mit Abstand die größte Plattform, wenn es um Onlinekurse geht und bietet den Service mehrsprachig auf der ganzen Welt an. Dabei hat Udemy auch einige sehr bekannte Sponsoren für sich gewonnen, wie zum Beispiel Mercedes Benz und Volkswagen. Die Kurse richten sich nicht allein an Privatkunden, auch Firmen nutzen Kurse für die Weiterbildung ihrer Mitarbeiter.

Wichtig: Wenn du dich entscheidest, deinen Kurs auf mehreren Plattformen gleichzeitig anzubieten, dann gibt es eine wichtige Regel bei Udemy zu beachten: Wenn du deinen Kurs bei Udemy anbietest, dann den gleichen Kurs für einen höheren Preis woanders ebenfalls anbietest, dann verstößt dies gegen die Udemy Nutzungsbedingungen. Um einen Aufpreis deines Kurses zu rechtfertigen, muss die teurere Version einen Mehrwert liefern, also sich inhaltlich von der auf Udemy angebotenen

Version unterscheiden!

Udemy bietet auch direkt Einsicht in den hohen Bedarf an Kursen.

Als (etwas extremes) Beispiel bietet Phil Ebiner 83 Kurse im Bereich digital Marketing an. Dabei haben bereits über 705.000 Studenten an seinen Kursen teilgenommen. Wenn jeder Student nur 1 Euro für eine Kursteilnahme gezahlt hätte, wären das schon 750.000 Euro Brutto-Einnahmen. Natürlich entsteht sowas nicht über Nacht, aber es zeigt, welches Potenzial sich mit Webinaren umsetzen lässt, wenn du deine Materie verstehst.

Leider muss man im direkten Vergleich mit den anderen Anbietern sagen, dass die Gewinnspanne bei Udemy bei weitem nicht so hoch ist, wie wenn du einen hochwertigen Kurs dort anbietest und dazu noch selbst vermarktest. Von daher meine klare Empfehlung: Ist dein Kurs sehr hochwertig und löst du damit ein großes Problem deiner Kunden, gehe über Digistore und Teachable und verlange 3-stellige Beträge!

Elopage
https://elopage.com

Elopage ist ein Anbieter für den Vertrieb von digitalen Produkten und kann dir dabei helfen, Kunden von deiner Landingpage auf deine Bezahlseiten zu ziehen. Du kannst Kampagnen starten und genau überprüfen, ob und wie viele Nutzer auf dein Material aufmerksam werden und am Ende auch kaufen.

Du kannst eine kostenlose monatliche Mitgliedschaft, oder aber umfassendere Mitgliedschaften mit zahlreichen Zusatzleistungen wählen. Es empfiehlt sich hier, mit der kostenlosen Variante anzufangen und nach den ersten Verkäufen auf eine bessere Version zu wechseln, falls du am Anfang noch Startkapital einsparen möchtest.

Digistore
https://www.digistore24.com

Digistore ist ein weiterer Anbieter für den Vertrieb deines Videomaterials. Dabei bietet es einige interessante Möglichkeiten.

Als allererstes bietet Digistore dir die Einrichtung deines Profils völlig kostenlos an. Zusätzlich arbeitet Digistore auch mit Affiliates und bietet diesen ebenfalls eine Plattform für ihre Karriere im Onlinebusiness. Für dich bedeutet das, dass du auch mit Affiliates in Kontakt treten kannst, die dir dabei helfen können, ein breiteres Publikum mit deinen Videos zu erreichen.

Denn wie bei allen anderen Optionen auch, geht es hier darum, viele Menschen zu erreichen. Niemand kauft ein Video, wenn er von dessen Existenz nichts weiß, selbst wenn er Interesse an solch einem Video hat.

Teachable
https://teachable.com

Ein Anbieter, der sich auf Lehrvideos spezialisiert hat, ist Teachable. Hier findest du einen Service, der sich auf die Verwaltung und Vermarktung deiner Lehrvideos konzentriert. Dabei sind alle Seiten, die du für dein Portal verwendest, als Teachable-Partner deklariert. Wie auch bei Wordpress, wo du eine kostenlose Webseite einrichten kannst, die dann aber in der Linkadresse immer mit wordpress.seitenname.com heraussticht und nur gegen Aufpreis eine individuellere Adresse im Sinne von Seitenname.com erlaubt.

Dafür bietet Teachable aber auch eine sehr intuitive Nutzung zahlreicher Features, von der Gestaltung deiner Seite, bis hin zur Zusammenstellung von Lehrmaterial. So kannst du kinderleicht deine Videos mit zusätzlichen Bildern, PDF-Dateien und mehr erweitern.

Teachable bietet dir auch Zugang zu vielen verschiedenen Sprachen und Kunden weltweit. Wenn du also mehrsprachig bist, kannst du schon einen Mehrwert kreieren, indem du deine geplanten Videos gleich in mehreren Sprachen anbietest.

Lege ein Kursthema fest und plane die Umsetzung

Wenn du dich für ein Kursthema festgelegt hast, muss der Aufbau geplant werden, damit dein Video flüssig abläuft und keine Langeweile aufkommt. Auch die Wortwahl will mitunter gut gewählt sein, denn sich ständig wiederholende Phrasen können zu einer Monotonie führen, die schnell als mangelnde Qualität fehlinterpretiert werden kann.

Auch unnötig vom Thema abzuweichen, kann den Kurs in die Länge ziehen und an der Geduld der Teilnehmer nagen. Du musst dein Wissen kompakt, aber detailliert präsentieren. Du kannst dir andere Kurse als Vorbild nehmen. Du solltest vorher auf jeden Fall schon 1 bis 2 professionelle Video-Kurse studiert haben, um ein Gefühl dafür zu bekommen. Achte darauf, dass es keine qualitativ minderwertigen Kurse sind, denn du willst ja von den Profis lernen, um dir die Messlatte nicht zu niedrig anzusetzen. Kurse darüber, wie du deine eigenen Video-Kurse erstellst und sie vermarktest, würden sich hier ja perfekt anbieten.

Da du bei der Videoaufnahme auch an den Zeitaufwand und die festgelegte Kursdauer denken musst, lohnt es sich, dir einen Umriss des Kurses aufzuzeichnen um die Unterthemen entsprechend ihrer Wichtigkeit zu sortieren und ihnen entsprechende Zeitfenster einräumen zu können.

Eine Landing Page erstellen

Als Landing Page bezeichnet man im Internet-Marketing eine Seite, auf der du landest, wenn du zum Beispiel dem Link in einem Werbebanner folgst. Wenn ich dir zum Beispiel auf Youtube ein paar Tipps gebe und dann in der Videobeschreibung einen Link zu einem umfassenderen Kurs mit mehr Infos biete, dann führt dieser Link direkt zu meiner Landing Page.

Eine Landing Page hat den einfachen Zweck, dich zur Teilnahme am Kurs oder zu dem Kauf des Videos zu bewegen. Dazu ist diese recht einfach gehalten und richtet den Fokus ganz auf die Anmeldung.

Oft wird auf der Seite nach deiner E-Mail-Adresse gefragt, um dir den Kauf des Videos anzubieten. Als zusätzlichen Bonus kannst du weitere kostenlose Inhalte anbieten um E-Mail-Adressen zu sammeln bevor die Kaufentscheidung gefallen ist um potenzielle Interessenten mit E-Mails bei der Stange zu halten. Eine reguläre Homepage hat oft mehrere Menüs, Buttons und Themen. Eine Landing Page hingegen bietet nur eine einzige Option, den Klick auf einen einzigen Button, um Besucher zur Tat zu motivieren.

Deine Landing Page und dein Produkt bewerben

Damit die Landing Page funktioniert, musst du diese dem Kunden nahe bringen. Du kannst zum Beispiel auf Youtube mit kleineren, kostenlosen Kursen locken. Wer dann Interesse an deinem Fachwissen hat, wird deinem Aufruf zu einem umfassenderen Kurs mit einem Link (zu deiner Landing Page) in der Beschreibung folgen.

Auch andere Werbemethoden, wie Facebooks PPC können auf deine Landing Page verlinken. Bitte unterschätze die Landing Page nicht.

Studien haben ergeben, dass wesentlich mehr Besucher sich bereit fühlen dem Aufruf zu folgen, wenn dieser über eine Landing Page erfolgt, anstelle von einer regulären Seite. Das mag für dich jetzt vielleicht merkwürdig erscheinen, aber es funktioniert.

Zusätzliche Motivation fördern

Um deine Landing Page und dein dort angebotenes Video noch besser zu vermarkten, kannst du dem Aufruf zur Teilnahme mit kostenlosem Material noch mehr Aufschwung geben. So können Besucher durch Abgabe ihrer E-Mail-Adresse exklusives Zusatzmaterial erhalten oder du händigst ein Whitepaper aus, um dem Kunden das Problem und deine Lösung noch näher zu bringen.

Gerade sehr aggressives Marketing hat sich als sehr effizient erwiesen und auch wenn einige Internetnutzer genervt sind von ständigen Pop-Ups und anderen Werbenachrichten, so erzeugen diese immer noch eine bessere Conversion.

Jemand, der dir und deinem Angebot von Anfang an sehr kritisch gegenübersteht, wird auch durch zusätzliche Werbung nicht darauf eingehen. Jemand, der aber Interesse zeigt und vielleicht noch unentschlossen ist, kann durch die richtige Bewerbung konvertiert werden, also sich für dein Produkt entscheiden. Dies gilt es durch Zusatzmaterial- und Angebote auf deiner Landing Page zu fördern.

Eine weitere Möglichkeit, um den Besucher zum Kauf zu überreden, ist die Nutzung des "Verknappungseffekts". Dadurch, dass dir ein begrenztes Angebot gegeben wird, entscheidest du, um einem möglichen, späteren Verlust entgegenzuwirken, für den Kauf.

Dies ist ein psychologischer Aspekt, der in der Werbewelt große Anwendung findet. So zeigt die Werbung "Sonderangebote" oder "Nur solange der Vorrat reicht", um Kunden unter Druck zu setzen.

Wenn du dein Video also nur "für begrenzte Zeit verfügbar" oder zu "einem kurzzeitigen Sonderpreis" anbietest, kannst du die Conversion steigern, also mehr Kunden für dich gewinnen.

Das Kursvideo aufnehmen

Deine Landing Page und vorherige Bewerbung des Videos kann dabei helfen, das zu erwartende Aufkommen an Käufern zu bestimmen. Nun muss das Video aber auch erstellt werden.

Wenn du in deiner Vorbereitung bereits ein Script verfasst hast, kannst du direkt mit der Aufnahme beginnen. Falls du noch kein fertiges Script besitzt und nur einen groben Umriss geplant hast, musst du dieses jetzt in ein flüssiges Script umsetzen, damit du beim Videodreh alle Punkte ohne größere Probleme abarbeiten kannst.

Um das Video aufzunehmen, hast du eine breite Auswahl an kostenloser und kostenpflichtiger Software. Ich möchte dir hier das wohl beliebteste und nützlichste Tool vorstellen.

OBS Studio
https://obsproject.com/download

OBS ist ein Open-Source-Projekt, daher absolut kostenlos und durchgehend auf dem neuesten Stand. Es bietet dir qualitativ hochwertige Videoaufnahmen ohne Wassermarke, die Möglichkeit, Soundeffekte, Text, Bilder und mehr frei anzeigen zu lassen, einen integrierten Soundmixer, um zum Beispiel Störsignale zu filtern oder die Audioqualität zu verbessern, sowie freie Schnittgestaltung und die Option, mehrere Kanäle zeitgleich zu präsentieren.

Mit OBS hast du bereits alle nötigen Funktionen auf einen Blick zur Verfügung. Es wird unter anderem auch von zahlreichen Live-Streamern auf Twitch und Youtube verwendet.

Außerdem bietet dir OBS noch einen weiteren Bonus. Es kann auf Wunsch direkt von deiner Grafikkarte aufnehmen. Wenn du also zum Beispiel ein Programm erklären möchtest, kannst du direkt den Computerbildschirm erfassen und so dem Nutzer das bestmögliche Nutzererlebnis bieten.

Als Beispiel kann ein erfahrener Musikproduzent so direkt erklären, wie man mit der Musiksoftware FL Studio gute

Musik produzieren kann und worauf es bei der Nutzung des Programms ankommt.

Post Production

Schaue dir dein Video genau an und versuche, dich in die Lage eines Interessenten hineinzuversetzen. Ist es inhaltlich zu langweilig oder geht es bei Dingen, die wichtig klingen, zu wenig ins Detail? Wirkt es zu monoton? Hast du ein gutes Bild? Ist der Ton einwandfrei zu verstehen? All diese Dinge gilt es, zu klären.

Auch dein Auftreten hat großen Einfluss auf deinen späteren Erfolg. Kleider machen bekanntlich Leute. Wir schauen häufig nicht auf Gesichter, sondern auf Uniformen. Jemand, der ein schickes Hemd oder ein Polo-Shirt trägt, wirkt glaubhafter, wenn er von Finanzen spricht, als jemand in einem alten T-Shirt.

Natürlich kann der Schein in der Realität trügen, jedoch sind wir Menschen sehr auf das Aussehen fixiert und wir versuchen automatisch, unterbewusst den Rang und sozialen Status unseres Gegenübers aus dem Kleidungsstil herauszulesen.

Wenn du während des Videodrehs lange Pausen hattest, kannst du diese vor der Veröffentlichung herausschneiden. Die Schnitte sollten aber das Video nicht unnatürlich wirken lassen. Daher ist das Ziel, Start und Ende des Schnittes so gut es geht mit dem folgenden Material zu koppeln, sodass der Schnitt am Ende gar nicht auffällt.

Das kann unter Umständen knifflig sein, solltest du also Probleme dabei haben, so kannst du zur Not den jeweiligen Part einfach erneut filmen und ins vorhandene Material einfügen.

Die Veröffentlichung

Nun kannst du deinen Kurs ins Netz stellen. Udemy ist bereits als ein Marktplatz zu verstehen, auf dem viele Kunden nach Kursen suchen. Auf den anderen Plattformen gilt es, deinen Kurs über deine Landing Page zu vermarkten. Der Link zu deiner Landing Page ist das Tor zu deinem Kurs und von daher der wichtigste Teil deiner Online-Vermarktung.

Wenn du schon einmal an eine dieser Verkaufstouren teilgenommen hast, die gerade in den 90ern einen fragwürdigen Aufschwung hatten, dann kennst du sicherlich diese Strategien, bei denen die gesamte Aktivität allein auf den Verkauf von eigener Ware ausgelegt ist.

Man bietet dir einen Kaffee an, dann geht es oft bis zu einer Stunde allein um die Produktbewerbung und darum, dich zu einem Kauf zu bewegen. Diese Strategie gilt als sehr aggressiv und wird negativ aufgenommen. Wenn du jeden angebotenen Inhalt allein aufbaust, um gezielt einen Verkauf zu bewerben, dann schreckst du damit die meisten Kunden einfach nur ab.

Die Lösung lautet "Native Advertising", also natürliche Werbung. Untersuchungen zeigen, dass wenn ich dir in einem 90-minütigem Video alle 5 Minuten nahe lege, dich für meinen kostenpflichtigen Kurs einzuschreiben, dann ist die Zahl tatsächlicher Teilnehmer geringer, als wenn ich dir zunächst kostenlos einen qualitativ hochwertigen Inhalt ohne einen Haken anbiete, dich dann einfach darum bitte, für mehr an meinem Kurs teilzunehmen.

Dies hängt damit zusammen, dass die zweite Variante als "geschenkt" wahrgenommen wird. Du erhältst einen Mehrwert, ohne dafür eine Gegenleistung erbringen zu müssen. Wenn den Teilnehmern dann der Inhalt deines Einstiegskurses gefallen hat, werden wesentlich mehr Leute bereit sein, Geld für ein Folgeseminar zu bezahlen.

Auch E-Mail-Marketing macht sich dieses "Tauschgeschäft" zunutze, indem es bei der Einschreibung an E-Mail Newsletter mit kostenlosen Geschenken, wie Gutscheinen und mehr, lockt.

Wenn du also dein Seminar effektiv bewerben willst, dann biete eine kostenlose "Lite"-Version auf Youtube an und verlinke von dort über deine Landing Page auf dein richtiges Seminar. Auch Facebook und Google Ads können dir dabei helfen, dein Video bekannter zu machen.

Falls du ein Probeseminar auf Youtube hochlädst, kannst du neben deiner Landing Page auch dieses Video auf sozialen Netzwerken wie Facebook und Twitter veröffentlichen, um die Besucherzahlen zu pushen und damit auch potenzielle Kunden zu finden.

Hast du deine Landing Page so gestaltet, dass Kunden ihre E-Mail hinterlassen müssen, so kannst du zukünftig auch über E-Mail-Newsletter diese Kunden auf neue Videokurse aufmerksam machen. Dabei kannst du dies sogar automatisieren, sodass du nicht jedes Mal hunderte von E-Mails selbst schreiben musst.

Wichtige Tipps und Tricks

Schon wieder... Nischenfindung

Die Wichtigkeit sollte bis jetzt bereits klar sein. Auch das beste Produkt findet keine Abnehmer, wenn es keine Zielgruppe anspricht oder der Markt bereits mit weitaus besseren Angeboten übersättigt ist.

Dein Thema muss sinnvoll, aber noch nicht ausreichend abgedeckt sein. Dies ist mitunter eine der schwierigsten Hürden, egal ob du Onlinekurse, Dropshipping oder etwas anderes tun willst. Sobald du aber eine Nische entdeckst, die beide Kriterien erfüllt, hast du bereits unglaubliche Erfolgsaussichten, denn du kannst die Nische dann nach und nach einnehmen, indem du thematisch ähnliche Kurse publizierst. Das steigert zusätzlich auch deine Glaubwürdigkeit und erhöht deinen Expertenstatus.

Egal wie viele andere nach dir kommen, sie werden stets in deinem Schatten stehen. Daher gebe dir die beste Mühe, eine wirklich gute Nische zu finden. Und verliere nicht die Geduld bei der Suche, es gibt immer eine Nische. Du musst sie nur finden. Achte auf neue Trends. Irgendwer erfindet immer etwas Neues und nur 2 Wochen später folgt die Masse.

Die richtige Kursgestaltung

Auch wenn die Vermarktung des Kurses einen hohen Stellenwert hat, sind Inhalt und Aufbau des Kurses selbst auch ein wichtiger Faktor. Denn wenn dein Kurs inhaltlich nicht die Erwartungen der Kunden erfüllt, wird er schnell durch schlechte Bewertungen bei der Neukundengewinnung scheitern. Dies hat zur Folge, dass wie bei anderen Produkten und Serviceleistungen auch, dein Name einen schlechten Ruf erhält und Kunden künftig deine Produkte und Dienstleistungen meiden werden.

Schaue dir verschiedene Kurse (auch kostenlose, Youtube etc.) an und bewerte diese anhand deiner persönlichen Empfindung. Was machen sie gut? Was gefällt dir eher weniger? Wenn du dir positive Eigenschaften anderer Anbieter abguckst und dabei schlechte Qualitäten herausfilterst, kannst du schnell darauf bauen und einen besseren Kurs anbieten.

Psychologische Manipulation

Das klingt jetzt vielleicht etwas hart, ist aber leider die Wahrheit bei allen Marketingstrategien. Damit du Erfolg hast, musst du ein wenig an Moral sparen und das Ganze von einem rein finanziellen Standpunkt aus betrachten.

Es geht hier darum, Geld zu verdienen. Auch wenn jemand dir einen wirklich guten Kurs anbietet oder dir ein wirklich nützliches Produkt verkauft, geht es zu einem Großteil trotzdem um den Profit. Ist ja auch logisch, denn derjenige der viele Tage und Wochen in solch eine Produktion steckt und seine jahrelange Erfahrung teilt, will und muss davon natürlich auch leben können.

Viele Onlinekurse zum Beispiel locken mit sogenannten "Last-Minute-Buchungen", reserviere dir noch schnell den letzten freien Platz im Seminar! Nur noch diese Woche zum halben Preis! Das ist häufig gelogen. Der Preis war von Anfang an so gehalten. Das Seminar bietet theoretisch mehr als genug Platz, es sei denn, es ist wirklich sehr erfolgreich und lockt mit Unmengen von Teilnehmern. Eine Ausnahme dabei bilden jedoch oft sogenannte Early Bird Angebote. Hier wird der Kurs zum Launch wesentlich günstiger angeboten, um ein Momentum aufzubauen.

Aber diese Strategie funktioniert. Vielleicht nicht bei dir oder mir, aber es gibt genug Leute, die den Köder beißen. Und jedes Unternehmen, jede Firma, die sich im Markt behaupten und Erfolg haben will, nutzt jede Strategie, die zum Erfolg führt.

Wenn du also deine Landing Page und deine Werbemethoden planst, sei aggressiv. Nicht offensichtlich-aggressiv, aber native-advertisement-aggressiv.

Dein Kurs ist die beste Methode, um eine Lösung für das Thema zu finden. Du hast wirklich alles versucht und deine Erfahrung und dein Fachwissen haben sich bezahlt gemacht. Es gibt viele Lösungen, aber deine ist effektiv und zeitsparend. Du hast das bestmögliche Potenzial herausgeholt und möchtest jetzt anderen helfen, das gleiche Ziel zu erreichen.

Verkaufe dich mit diesem Mindset und die Kunden werden folgen. Locke mit Sonderpreisen und Rabatten. Versprich Exklusivität.

Das einzig wichtige ist, dass die Kunden in deinem Kurs nicht das Gefühl haben, von deiner Werbung belogen worden zu sein. Versprich also nichts, was du nicht halten kannst. Aber das, was du liefern kannst, ist das beste auf dem Markt!

Werbung machen

Ein Großteil des Kapitals, das du für diesen Weg aufbringen musst, geht in Werbung. Denn auch wenn kostenlose Werbung funktioniert, erreichst du die meisten Leute mit professionellen Kampagnen, die zum Beispiel Facebook bieten kann. Wenn du privat etwas auf Facebook teilst, selbst wenn du es öffentlich machst, sehen es oft nur Freunde und Familie.

Gekaufte Werbung wird aber direkt an Zielgruppen gesendet, auch die, mit denen du persönlich keinen Kontakt hast. Dabei kann sich so eine Werbeaktion wie ein Lauffeuer verhalten und schnell große Gruppen anziehen. Große Plattformen bieten viele potenzielle Besucher. Viele Besucher bedeuten größere Chancen bei der Konversion zu Kunden. Daher nutze intensiv Social Marketing zu deinem Vorteil.

Im Falle von Youtube, lege auch Wert auf die richtige Wahl beim Thumbnail. Das Thumbnail ist das kleine Vorschaubild, das bei einem Video angezeigt wird. Eine klare Botschaft hier kann schnell zu einem Klick führen. Ein Wort, welches in letzter Zeit immer häufig zu hören ist, ist "Clickbait" also ein Köder, der einen Klick verursacht. Genau wie die großen Überschriften bei der BILD-Zeitung sorgen die richtigen Thumbnails bei Videos und Landing Pages dafür, dass die Leute neugierig werden und einen Blick wagen.

Du musst also den wirklich allerersten Eindruck, den du hinterlässt, so gestalten, dass die Leute mehr sehen wollen. Dies ist der Köder, mit dem die Leute auf dich aufmerksam werden. Dann erhalten sie eventuell einen weiteren Köder in Form eines kleinen, kostenlosen Seminars auf Youtube, in dem du auf ein Problem eingehst und eine Lösung bietest. Sobald die Leute von deinem Wissen beeindruckt sind, bietest du ihnen eine noch bessere Lösung oder noch mehr Fachwissen in Form eines Videos, das sie kaufen können.

Weiter kannst du Affiliates nutzen und sie darum bitten, gegen eine Provision für dich zu werben und dein Produkt zu loben. Sowas wird von potenziellen Kunden selbst dann, wenn es sich um ein definitives Affiliate-Programm, also eine voreingenommene Meinung handelt, als positives Feedback wahrgenommen. Es lohnt sich hier, nach Affiliates Ausschau zu halten, die sich in derselben Nische bewegen.

Mit der richtigen Werbung im richtigen Umfang kannst du mehr Neukunden gewinnen, als wenn du dich ganz darauf verlässt, dass jemand dich und deinen Kurs findet. Das hat auch mit einem sozialen Aspekt bei Mund-zu-Mund-Propaganda zu tun. Denn rein statistisch neigen wir 10 mal mehr dazu, eine negative Erfahrung mit anderen zu teilen, während wir Dinge wie unser neues Lieblingsrestaurant lieber für uns behalten.

Alle Vorteile auf einen Blick

Das nötige Startkapital und Risiko sind sehr gering

Auch wenn du für den richtigen Schwung Geld in gute Werbung investieren musst, kann diese relativ günstig sein, da du nur für Werbung zahlen musst, die auch zu Besuchern führt. Ob diese dann tatsächlich auch deinen Kurs erwerben, hängt dann ganz allein von deinem Auftreten und deiner Landing Page ab.

Sobald du einige gute Rezensionen gewonnen hast, werden diese aber ein Hauptfaktor für Neukunden, denn gute Bewertungen sorgen dann kollektiv für noch mehr Teilnehmer, die wiederum mit guten Bewertungen dein Produkt noch weiter stärken. Genau wie auch bei Dropshipping und Amazon hebst du dich dann durch Sterne vom Rest ab und gewinnst noch mehr Popularität.

Falls du nicht schon längst eine Kamera und ein Mikrofon besitzt, kannst du diese relativ günstig erwerben. Ein brauchbares Mikrofon gibt es ab 100 Euro. Auch eine Webcam kann sich in dieser Preisrichtung bewegen.

Software für Videobearbeitung gibt es wie Sand am Meer, dabei gibt es auch mehrere Open-Source-Projekte, die den teuren Markenprodukten ähnlich sind.

Expansion ist relativ einfach

Nachdem sich einer deiner Kurse etabliert hat und durch gute Rezensionen einen guten Eindruck hinterlässt, kannst du davon ausgehen, dass bisherige Kunden, die Interesse an weiteren

Themen haben, auch weiterhin deinen Dienst nutzen werden.

Auch wenn du jedes Mal die Werbetrommel rühren musst, um Neukunden zu gewinnen, kannst du dich durch gute Rezensionen darauf verlassen, das bereits vorhandene Kunden Interesse zeigen und deine Verkaufszahlen sich mindestens sehr nah an deinem ersten Kurs orientieren werden.

Und wenn du durch deinen ersten Kurs die Erfahrung gemacht hast, wie genau die Umsetzung aussieht, wird es dir bei nachfolgenden Videos leichter fallen.

Du kannst E-Mail Listen für weitere Projekte nutzen

Der Grund warum Nutzerdaten so wertvoll sind und selbst Facebook dadurch in die Nachrichten gelangt ist, dass es Nutzerdaten für gezielte Werbung verkauft, ist die Tatsache, dass gezielte Werbung größere Gewinne erwirtschaftet.

Hast du durch deine Landing Page zum Beispiel die E-Mail-Adressen der Kunden erhalten, kannst du jetzt auch gezielt Newsletter und Informationen zu neuen Dienstleistungen und Produkten verschicken. Achte dabei nur darauf, dass es nicht zu Spam wird, also du die E-Mail-Adressen mit unnötigem Werbemüll zuwirfst. Denn so kannst du schnell vom jeweiligen Kunden geblockt werden bzw. wird er sich dann aus deiner Liste austragen.

Die Nachteile auf einen Blick

Sehr Zeitintensiv

Die Nischenfindung, die richtige Idee, Planung und Umsetzung sowie anschließende Werbung um erste Kunden zu gewinnen sind auch hier mit einem hohen zeitlichen Aufwand verbunden. Wenn du noch berufstätig bist, musst du hier unter Umständen ein paar Wochenenden aufopfern, um ein qualitativ hochwertiges Video aufnehmen zu können.

Falls du dich für ein Thema entscheidest, auf dem du selbst noch kein ausreichendes Fachwissen besitzt, dann kostet es dich natürlich zusätzliche Zeit, dir das nötige Wissen anzueignen.

Viel Fachwissen benötigt, um wertvolle Kurse erstellen zu können

Der zweite Punkt ist, dass das angebotene Fachwissen einen besonderen Mehrwert bieten muss, damit Kunden sich am Ende nicht betrogen fühlen, weil sie das gleiche Wissen woanders vielleicht günstiger oder kostenlos bekommen könnten. Auch diese spezifische Recherche geht wieder in den ersten Punkt der Zeitintensität über, denn du musst auch dafür sorgen, dass dein Wissen etwas Besonderes bietet, was du bei anderen Anbietern so noch nicht finden konntest.

Gleichzeitig bietet dies dir aber auch Optionen, nach Nischen Ausschau zu halten. Denn wenn zum Beispiel jemand einen Kurs in Online-Marketing anbietet, besteht hier immer noch Potenzial zur Vertiefung, zum Beispiel durch einen Intensivkurs in E-Mail-Marketing, einer Untergruppe des Online-Marketings.

Zur Vertiefung: Nützliche Tools und Webseiten

Auch für die Webinargestaltung möchte ich dir wieder Mittel aufzeigen, die dir bei deinem Vorhaben nützlich sein können. So kannst du mehrere Wege wählen, denn jeder hat andere Vorlieben und Bedürfnisse.

Aufnahmeprogramme

OBS ist das beste kostenlose Programm für Videoaufnahmen. Falls es dir aber aus irgendwelchen Gründen nicht zusagt, möchte ich dir hier ein paar gute Alternativen anbieten, um dir die Suche zu ersparen.

Filmora Wondershare
https://filmora.wondershare.com/de/

Wondershare ist ein Shareware-Programm, welches du kostenlos nutzen kannst. Dann haben deine Videos jedoch eine Wassermarke, die du durch Kauf des Produkts entfernen kannst. Wondershare bietet die gleichen Funktionen wie OBS und vereint Videoaufnahme- und Schnittprogramm in einem handlichen Interface.

Du kannst deinen Videos auch Effekte, Texte und mehr hinzufügen, um sie lebhafter zu gestalten. Die Nutzung ist einfach gehalten und das Interface ist optisch sehr modern. Eine Vollversion kostet allerdings ca. 60 Euro. Alternativ bietet Filmora ein Jahresabo für 40 Euro an.

Camtasia

https://www.techsmith.com/video-editor.html

Camtasia ist der Marktstandard und die teuerste Variante, wenn es um die Videobearbeitung geht, macht den stolzen Preis von rund 250 Euro aber dadurch wett, dass es mit einer Unmenge von Features und zusätzlichen Assets glänzt, die auch Programme wie OBS nicht bieten können.

Neben allen Funktionen der vorherigen Programme kannst du mit Camtasia auch Bildschirmeingaben, Mausbewegungen und Tastatureingaben verfolgen und auf dem Bildschirm anzeigen lassen, Notizen und Anmerkungen hinzufügen, ganze Powerpoint-Präsentationen integrieren und interaktive Quizze erstellen, die den Input der Lernenden mit einbeziehen. Wenn du einen Greenscreen verwenden willst, kann Camtasia auch ganz einfach damit arbeiten und den Hintergrund so ganz nach deinen Wünschen gestalten.

Und falls dies dein Interesse geweckt hat, du aber beim Preis noch zurückschreckst, so kannst du Camtasia zunächst gratis testen und dann ganz einfach später auf die Vollversion wechseln.

Für die Erstellung von zusätzlichem Lehrmaterial

Zusätzliches Material kann sowohl bei der Videoplanung helfen, als auch nützliche Ergänzungen für die Kursteilnehmer darstellen. Ich habe hier ein paar Programme, die dir bei der Erstellung helfen sollen.

Microsoft Office Suite
https://products.office.com/de-de/buy

Die Office Suite von Microsoft gehört zum Standard und bietet mit Word, Excel und Powerpoint die wohl bekanntesten Programme an. Falls du die Office Suite noch nicht besitzt, kannst du die wichtigsten Programme für unter 100 Euro erwerben.

Solltest du aber kein Geld für die Windows-Programme ausgeben wollen, so habe ich auch eine Alternative für dich zur Auswahl.

WPS Office
https://www.wps.com

Mit WPS erhältst du eine kostenlose Alternative zu den Microsoft-Programmen, die funktional dem Original sehr ähneln. Sämtliche Programme sind 100 % mit den Originalformaten kompatibel. So kannst du ein mit WPS Word geschriebenes Dokument ganz einfach mit Microsoft Word öffnen, bearbeiten und speichern.

Die Benutzeroberfläche weicht etwas von den Originalen ab, daher kann es ein klein wenig Zeit bei der Eingewöhnung brauchen, allerdings hast du damit fast die gleiche Funktionalität kostenlos zur Verfügung.

Du kannst Dokumente, welche du mit WPS Word erstellst, auch jederzeit als PDF speichern, sowie öffnen und lesen, da ein PDF-Reader in WPS integriert ist.

Keynote
https://www.apple.com/de/keynote

Solltest du mit einem Macbook anstelle eines Windows-Computers arbeiten, so ist Keynote die Alternative zu Office oder WPS Powerpoint. Es bietet ähnliche Funktionen und lässt sich direkt mit zusätzlicher Hardware, wie einem iPad integrieren, so kannst du jederzeit von überall aus an deinem Projekt arbeiten.

XMind
https://www.xmind.net/de/?lang=de

XMind ist ein umfassendes Tool zur Unterstützung bei Projektplanung, Brainstorming und Strukturierung von vielschichtigen Projekten.

Es bietet Integration in die gängigsten Formate des Microsoft Office Netzwerkes und erlaubt dadurch die Nutzung in dessen Programmen. So kann es nicht nur dabei helfen, dir eine Struktur für deinen Lehrplan aufzubauen, du kannst damit auch visuell attraktive Mindmaps für deine Kursteilnehmer erstellen, damit sie ganz leicht den wichtigsten Aspekten deines Unterrichts folgen können. Dadurch bleibt dein Unterricht interessant und die Studenten verlassen dein Seminar mit dem guten Gefühl, etwas Wertvolles gelernt zu haben.

XMind kommt dabei in zwei Varianten: XMind Zen und XMind Pro.

XMind Zen kann für ca. 30 Euro in einem 6-Monats-Abo gebucht werden, XMind Pro ist die lebenslange Variante für etwas über 100 Euro. Bevor du dich für einen Kauf entscheidest, kannst du XMind kostenlos testen. Dabei wird deine Arbeit mit einer Wassermarke versehen. Funktional hast du aber vollen Zugriff auf das Programm.

MindMup
https://www.mindmup.com

MindMup bietet eine Alternative zu XMind und ist kostenlos nutzbar. Deine Projekte können auf dem MindMup Server gespeichert werden, wo sie durch zahlreiche Sicherheitsmaßnahmen vor Fremdzugriff geschützt werden. Alternativ kannst du deine Projekte auch auf GoogleDrive speichern.

Für 2.99 Euro im Monat erhältst du Zugriff auf die erweiterte Version, welche die Dateigröße von 100Kb auf 100Mb erhöht und zusätzliche Features wie GoogleAnalytics-Integration bietet.

Für die Erstellung einer Landing Page

Eine Landing Page zu erstellen ist dank zahlreicher Anbieter kinderleicht und kann in Minuten erledigt werden. Die Anbieter unterscheiden sich dabei im Preis, sowie beim generellen Ablauf der Gestaltung und der Integration in bereits vorhandene Webseiten.

Mein Tool: Wordpress ThriveArchitect
https://thrivethemes.com/architect/

Falls du Wordpress für deine Homepage nutzt, bietet dir ThriveArchitect ganze 267 Layouts für deine Landing Page an, die du dann per Drag & Drop ganz einfach an deine persönlichen Bedürfnisse anpassen kannst. Dabei integriert sich das System wunderbar in Wordpress und ist über dessen Dashboard erreichbar. Außerdem lässt es sich wunderbar mit KlickTipp für deine zukünftige E-Mail-Liste verknüpfen.

Auch ThriveArchitect ist kostenpflichtig, bietet hier aber auch ein gutes Preis- Leistungsverhältnis, so kannst du für ca. 65 Euro eine unbegrenzte Lizenz für eine einzige Website erwerben, oder ein jährliches Abo für rund 220 Euro abschließen, welches dir absolut uneingeschränkten Zugang zu so vielen Websites und Landing Pages bietet, wie du möchtest.

Wordpress Optimize Press
https://www.optimizepress.com

Eine weitere Alternative für Wordpress bietet Optimize Press. Im Gegensatz zu anderen Anbietern bietet Optimize Press seinen Service nicht in einem Abo, sondern nach einem einmaligen Kauf an. Dabei gibt es 3 Varianten, die sich in den Funktionen unterscheiden.

Für knapp 100 Euro erhältst du die Core-Version. Diese beinhaltet vollen Funktionsumfang für unbegrenzt viele Landing Pages, unbegrenzten Traffic, also Nutzlast deiner Seite, komplette Flexibilität in der Gestaltung deiner Seite, sowie 1 Jahr lang Support.

Für knapp 200 Euro erhältst du die Publisher-Version. Hier werden zusätzlich Videohintergründe, A/B Split Testing, zusätzliche Gestaltungselemente, spezielle Aktionen, die Besucher zur Aktion auffordern und eine Nutzungserweiterung auf 10 individuelle Webseiten angeboten.

Die dritte Variante, das Pro-Paket wird für knapp 300 Euro angeboten und erweitert die Nutzung noch weiter, so kannst du Optimize Press für bis zu 30 individuelle Webseiten nutzen. Außerdem erhältst du Zugriff auf exklusiven Support und erhältst die neuesten Updates und Funktionen stets vor allen anderen.

Wenn du aber mit deinem Projekt gerade erst anfängst, lohnt sich die Publisher-Version am meisten. Die zusätzlichen Features der Pro Version werden erst dann wichtig, wenn dein Unternehmen stark wächst und du dich in mehrere Richtungen entwickeln willst.

Leadpages
https://www.leadpages.net

Leadpages ist ein englischsprachiger Anbieter, ähnlich wie Unbounce, jedoch günstiger. Viele Templates helfen bei der individuellen Gestaltung deiner eigenen Landing Page, während E-Mail Support, ein Facebook Ad Builder und weitere Funktionen das Paket abrunden.

Auch Leadpages bietet eine kostenlose Testperiode an, danach kannst du den Service entweder monatlich, jährlich oder 2-jährig buchen. Bei jährlicher Zahlung wird der Preis reduziert, wenn du aber noch kein ganzes Jahr am Stück finanzieren kannst, ist der Service für ca. 30 Euro nutzbar.

WP Landing Page Builder
https://wordpress.org/plugins/ultimate-landing-page

Dieses kostenlose Plugin für Wordpress bietet eine Möglichkeit, Landing Pages zu generieren. Dabei hast du Zugriff auf eine Vielzahl an Features und Möglichkeiten, das Plugin mit weiteren Funktionen anderer Anbieter zu verknüpfen, wie zum Beispiel MailChimp, GetResponse oder dem E-Mail-Autoresponder. Dadurch hast du die volle Kontrolle über alle Aspekte deiner Strategie.

Diese und noch einige weitere Links findest du, übersichtlich sortiert nach Thema, auf der Webseite zum Buch unter:
www.freedom-builder.de/passives-einkommen

Die Zusammenfassung

Um mit dem Vertrieb von Lehrvideos Geld zu verdienen, ist viel Wissen und Lernbereitschaft erforderlich. Dann lässt sich damit aber wirklich gutes Geld verdienen. Genug Leute sind hauptberuflich als "Onlinecoachs" beschäftigt und verbringen den Großteil ihrer Zeit mit der Planung neuer Videos, um neue Einnahmen zu schaffen.

Wer dieser Tätigkeit aus Leidenschaft anstelle des finanziellen Interesses nachgeht, der verbringt den späteren Teil der Karriere damit, auch offline Kurse anzubieten und zu verschiedenen Orten zu reisen, um direkt mit Interessenten in Kontakt zu treten. Dies ist aber kein Muss. Es soll dir nur zeigen, dass es Leute gibt, die sehr gut von Webinaren allein leben können.

Dabei benötigst du zum Start relativ wenig. Die meisten von uns haben bereits einen Computer oder Laptop mit integrierter Webcam. Falls du eine kaufen musst, solltest du mindestens 100 Euro in die Hand nehmen und dir noch ein gutes Mikrofon dazu kaufen, um von Anfang an gute Qualität abzuliefern. Software zur Videobearbeitung kannst du auch kostenlos erhalten, wenn du nicht gleich mit den Super-Sonder-Premiumpaketen anfangen willst.

Wenn du zwischen 400 und 600 Euro als Startkapital einplanst, kannst du dir direkt einen Anbieter für deine Landing Page sowie eine Vertriebsplattform zulegen, ohne dabei zunächst limitiert zu werden. Vergiss aber bitte nicht, dass du hier auch kostenlos anfangen kannst.

Sobald du einige Kurse online gestellt hast und diese genug Leute anziehen, entwickelt sich dein Einkommen passiv. Bis dahin musst du aber einiges an Aufwand aufbringen, sowohl bei der Recherche und Planung deiner Kurse, sowie bei der Ausführung und Vermarktung. Bei späteren Kursen kannst du dann aber auf deinem bisherigen Ruf aufbauen und neues Material einfacher und schneller vertreiben.

Da Lernen eine lebenslange Reise für uns alle ist, gibt es immer Bedarf an Wissen. Solange deine Methoden nicht durch neuere ersetzt wurden, kannst du mit deinem Wissen immer neue Menschen anziehen, die lernen wollen. Außerdem lassen sich die Online-Kurse sehr einfach nachträglich up-to-date halten.

Daher bieten Webinare eine wirklich gute Einnahmequelle, die für relativ wenig Kapitaleinsatz sehr gute Einnahmen erzielen kann.

7
AFFILIATE MARKETING

AFFILIATE MARKETING

Eine weitere Möglichkeit, um dir ein passives Einkommen aufzubauen, ist Affiliate Marketing. Damit wird ein Prozess bezeichnet, bei dem du als Affiliate, also Netzwerkpartner, gegen eine Provision Produkte bewirbst. Du machst Kunden auf ein Produkt aufmerksam und wirst dann an den daraus entstehenden Gewinnen beteiligt.

Die Affiliate Marketer sind sehr kreative Menschen, deshalb gibt es inzwischen auch unglaublich viele Methoden Affiliate Marketing zu betreiben. Auch wird in diesem Bereich viel Schindluder betrieben und es gibt sehr viele qualitativ minderwertige Produkte am Markt.

Ein Beispiel wäre es, wenn du ein Produkt, zum Beispiel von Digistore24, über eine Landing Page bewirbst. Auf dieser Landing Page verwendest du aber nicht den direkten Produktlink, sondern einen speziellen Affiliate-Link, durch den der Anbieter direkt weiß, dass der Kunde, der dem Link folgt, von dir aus auf das Produkt aufmerksam geworden ist.

Ein zweites Beispiel ist es, zu Anfang Leute dazu zu bringen, dir ihre E-Mail-Adresse zu hinterlassen. Zum Beispiel mit einem kostenlosen E-Book oder anderen Geschenken. Dann kannst du zu den Kunden passende Produktlinks direkt an deren E-Mail-Adresse senden. Dieses System nennt man auch einen Sales-Funnel, da der Kunde so direkt zum Kauf des Produktes geführt wird. Die Landing Page und weitere Elemente geben dem Kunden einen klaren Weg vor, was zu vielen erfolgreichen Verkäufen führt.

Als klassisches Beispiel kann man einen Blick zu IKEA werfen. Es handelt sich dabei zwar nicht um einen Sales-Funnel im selben Sinne, aber die Filialen sind häufig so aufgebaut, dass Kunden erst an vielen Produkten vorbeikommen, bis sie ihr Ziel erreichen. Dadurch sollen Spontankäufe gefördert werden, gerade in Bereichen, die den Kunden ursprünglich gar nicht interessiert haben.

Beide Beispiele folgen den gleichen Prinzipien. Da ich dir aber umfassendes Wissen mit auf den Weg geben möchte, gehe ich näher auf das zweite Beispiel ein. So decken wir alle Aspekte des Themas, inklusive der Einrichtung eines Sales-Funnel mit E-Mail-Marketing ab. Das erste Beispiel ist im Kern identisch, nur fällt hierbei die E-Mail-Strategie weg. Es ist daher eher als ein Affiliate-Programm im Rahmen einer Nischenseite zu betrachten.

So funktioniert es: Schritt für Schritt erklärt

Du kannst dir kostenlos ein Nutzerkonto auf Digistore24, einem deutschen Anbieter für digitalen Vertrieb von Waren weltweit, anlegen:
https://www.digistore24.com/de/home/affiliates

Dann hast du vollen Zugriff auf die Affiliate-Programme aller Produkte auf dem Marktplatz. Dein Ziel ist es, diese Links bekannt zu machen und Kunden dazu zu bewegen, über diese Links die Produkte zu kaufen. Dann wirst du am Gewinn beteiligt.

Wenn du dir also ein gutes Netzwerk aufbaust, auf dem du viele Produkte bewirbst, die dann durchgehend von Interessenten gekauft werden, entsteht so schnell ein passives Einkommen, bei dem du nicht mehr viel tun musst. Natürlich braucht so etwas Zeit und vor allem eine gute Planung.

Ich möchte dir daher das System des Sales-Funnel nahelegen. Dieses System arbeitet in 2 Schritten.

E-Mail-Adressen für Marketing sammeln

Zunächst müssen wir unsere Zielgruppen dazu bringen, uns ihre E-Mail-Adressen zu geben. Dies erreichen wir zum Beispiel durch eine Landing Page, die ein kostenloses Produkt oder Geschenk im Tausch für die E-Mail-Adresse anbietet.

Die gesammelten E-Mail-Adressen für Affiliate Marketing nutzen

Sobald wir die E-Mail-Adresse haben, können wir gezielt Affiliate Links verschicken, die dann für den Umsatz sorgen. Für E-Mail-Marketing gibt es auch jede Menge nützlicher Programme, die uns bei der Automatisierung helfen. So müssen wir nicht selbst täglich hunderte E-Mails verschicken.

Hierbei möchte ich aber einen Punkt ansprechen. Wenn du deine E-Mail-Adressen über eine Landing Page erhältst, dann ist es wichtig, dass die Landing Page selbst auch eindeutig dem Besucher erklärt oder fragt, ob er an tollen Angeboten interessiert ist.

Denn rein statistisch betrachtet, sind 77 % aller Abonnenten eher zufrieden, wenn sie dieser Angebotsstrategie zustimmen, als wenn sie unaufgefordert E-Mails erhalten würden. Außerdem teilen E-Mail-Abonnenten Inhalte dreimal häufiger auf sozialen Netzwerken. Das bedeutet, dass auch dein Affiliate-Link sich so verbreiten kann, was für dich zu weiteren Provisionen führt.

Diese Form der Landing Page wird auch als Opt-In Seite bezeichnet.

Eine Nische finden

Ja, das gehört leider wieder dazu. Eine gute Nische macht einen großen Unterschied bei den durchschnittlichen Verkaufszahlen. Dies gilt auch für uns als Affiliate, denn wenn wir ein Produkt vermarkten, das bereits von viel Konkurrenz umgeben ist, dann verringert das auch unsere Aussicht auf Erfolg.

Es gibt allerdings Nischen, die den größten Umsatz am Markt generieren. Diese sind wie auch bei KDP angesprochen, Online-Marketing, Finanzen, Dating, Fitness und Diäten. Suche dir also Produkte, die in einer dieser Kategorien liegen, um die besten Chancen zu haben.

Bei Digistore24 ein geeignetes Produkt finden

Schau dir verschiedene Produkte zur von dir gewählten Nische an und suche dir die heraus, die deiner Meinung nach gut zu vermarkten sind. Die wichtigsten Aspekte hier sind die folgenden:

Gute Cart Conversion

Die Cart Conversion bezeichnet die Rate der Nutzer, die ein Produkt nicht bloß in den Warenkorb legen, sondern dann auch den Kauf abschließen. Oft gibt es Kunden, die zwar zunächst den Artikel in den Warenkorb aufnehmen, dann jedoch aus verschiedenen Gründen den Kauf nicht abschließen.

Geringe Stornoquote

Die Stornoquote ist der prozentuale Anteil der Nutzer, die einen Service auch nach Abschluss des Vertrages wieder stornieren. Das ist für uns deshalb entscheidend, weil eine hohe Stornoquote ein Indikator für eine schlechte Produktqualität sein kann.

Eine gute Provision

Der wohl wichtigste Aspekt bei der Produktwahl, gerade am Anfang, ist eine gute Provision. Affiliates bekommen auf Digistore24 oft Provisionen im Bereich von 30 bis 50 %, dies hängt jedoch vom Produktanbieter ab und kann unter Umständen auch weniger beantragen. Du solltest dir aber 30 % als Minimum notieren.

Auch der Preis des Produkts sollte ab 10 Euro liegen. Dann geht es nur noch darum, so viele Kunden wie möglich über einen Sales-Funnel zum Kauf zu bewegen.

Eine Domain mit kurzem Namen reservieren

Wir brauchen eine Domain mit einem kurzen Namen, denn diese soll als Host-Domain für mehrere Subdomains genutzt werden. Um die verschiedenen Produkte, die wir bewerben wollen, separat halten zu können, weisen wir jedem Produkt eine eigene Seite zu.

So kannst du zum Beispiel om1.de als Hauptdomain festlegen, dann ein Produkt für Fitness zum Beispiel unter waschbrettbauch.om1.de vermarkten.

Mein Anbieter: HostEurope
https://www.hosteurope.de

Für 5 Euro im Monat kannst du dir bei HostEurope ein Webhosting Paket inkl. einer Domain sichern, die dir die Nutzung von ausreichend Speicherplatz für dein Vorhaben erlaubt, außerdem gibt es hier kostenlose SSL Verschlüsselung und eine Top Performance. Als Alternative würde ich dir **all-inkl.com** empfehlen.

Die Subdomains für deine Produkte festlegen

Hast du dich für ein Produkt entschieden, dann musst du eine passende Subdomain festlegen. Hierbei reicht es, wenn du ein kreatives Wort in Verbindung mit dem Produkt nutzt, wie oben bereits im Beispiel "Waschbrettbauch" beschrieben. Online-Marketing könnte zum Beispiel ein Webinar zur richtigen Verkaufsstrategie darstellen, welches wir dann auf TopMarketing.om1.de oder Werbetricks.om1.de vermarkten würden.

Wordpress installieren

Auch HostEurope bietet dir eine automatische Wordpress Installation an, du kannst diese jedoch auch manuell installieren, wenn du solche Dinge lieber selbst in die Hand nimmst. Wordpress ist die meistgenutzte Plattform für die Webseitenverwaltung und bietet einige nützliche Tools, die für unser Vorhaben ungemein wichtig sind.

Thrive abonnieren
https://thrivethemes.com

Landing Page / Opt-In Page erstellen

Thrive kommt mit einem Preis von jährlich knapp 250 Euro daher und bietet dir eine große Menge an Tools, um deinen eigenen Sales-Funnel zu erstellen und Traffic zu generieren. Damit kannst du dann sowohl deine Landing-Page gestalten, als auch dein E-Mail-Marketing automatisieren, Vorlagen nutzen, Besucherzahlen analysieren, Headlines optimieren und noch viel mehr.

Du kannst auch einzelne Lizenzen erwerben, allerdings lohnt sich die Investition in eine Mitgliedschaft hier mehr, wenn du ernsthaft in diesem Unternehmen Fuß fassen willst.

Ein Impressum und Datenschutzrichtlinien einrichten

Damit bei deiner Webseitennutzung keine rechtlichen Probleme entstehen, musst du ein gültiges Impressum sowie eine Datenschutzerklärung auf deiner Seite einrichten.

E-Recht24.de bietet dir hierfür die richtigen Tools, mit denen du die nötigen Inhalte kinderleicht erstellen kannst. Für das Impressum kannst du den Impressum-Generator nutzen. Um eine gültige Datenschutzerklärung präsentieren zu können, erstelle diese einfach mit dem Datenschutz-Generator.

Diese Inhalte musst du dann einfach auf einer dafür eingerichteten Seite deiner Domain hinterlegen.

Außerdem benötigst du noch das Pop-Up, welches auf die Nutzung von Cookies hinweist. Dies lässt sich aber auch ganz leicht mit der Cookie Notice Extension für Wordpress realisieren, welches hierfür bereits aktualisiert wurde. Zu guter Letzt musst du auf deiner Website SSL aktivieren damit die Daten, die der Nutzer eingibt, verschlüsselt übertragen werden.

Das Werbegeschenk erstellen

Falls du noch kein Geschenk vorbereitet hast, so geht es spätestens jetzt darum, ein passendes Geschenk vorzubereiten. Das kann zum Beispiel ein eigenes E-Book sein, falls du auch in dem Bereich tätig bist. Es gibt allerdings auch viele kostenlose Dinge im Netz, die du für diesen Zweck nutzen kannst.

Leaflets, PDF-Dokumente, Kursvideos und mehr kannst du themenbasiert anbieten. So kannst du zum Beispiel an Diäten und Ernährung interessierten Besuchern ein paar Rezepte anbieten. Auch Sonderangebote sind ein willkommenes Geschenk. Dabei bietet sich wieder die Chance, Affiliate Links und Promo-Codes anzubieten, mit denen ein Nutzer zum Beispiel 5 % auf den Kaufpreis eines Produkts sparen kann.

Es ist dabei fast egal, was du anbietest, solange der Besucher das Angebot als einen Mehrwert wahrnimmt.

Links verkürzen

Wenn du irgendwo Links angibst, so nutze kostenlose Kurz-URL-Dienste, um deine Links klein zu halten. Dies wirkt optisch ansprechender und hat zudem den Effekt, dass deine Links nicht sofort identifizierbar sind. Wenn schon aus dem Namen erkennbar wird, dass der Link in irgendeiner Form dazu dient, dir ein Einkommen zu generieren, so sind einige Nutzer abgeneigt, solch einem Link zu folgen.

Du kannst Links schnell, einfach und kostenlos auf www.bitly.com verkürzen.

Traffic generieren

Sobald du deine Webseite aufgebaut und deine Landing/Opt-In Seite eingerichtet hast, muss der Traffic generiert werden, also Besucher auf diese Seite aufmerksam gemacht werden. Hierfür bietet sich Werbung an, die deine Seite durch Werbebanner, Click-Ads und mehr im Internet verbreitet.

Wie auch bei den anderen Methoden zu passivem Einkommen ist dies der wichtigste Schritt, um auch tatsächlich Geld damit verdienen zu können. Denn wenn kein Nutzerstrom dich findet, dann nützt auch die beste Webseite nichts.

Hier kannst du wieder auf Facebooks PPC-Service zugreifen. Zusätzlich kannst du Google Ads, Bing Ads und mehr nutzen. Auch der Allesposter bietet ein System, um an Popularität zu gewinnen.

Ein Internet-Blog zum Beispiel, wird häufig ohne jegliche bezahlte Werbung geführt und verlässt sich allein auf Mund-zu-Mund-Propaganda, um neue Nutzer zu locken. Auch wenn dieses System funktioniert, kostet es mitunter bis zu 2 Jahre, bis sich ein ausreichender Nutzerstrom einstellt. Für Marketing und Verkaufsstrategien ist dies ökonomisch nicht vereinbar. Aggressive Werbung lockt mehr Nutzer in kürzerer Zeit.

Nutze daher so viele Werbeträger, wie du finanziell bereit bist, zu zahlen.

E-Mail-Adressen sammeln

Hast du alles vorbereitet und Werbung geschaltet, so sollten jetzt nach und nach neue Nutzer ihre E-Mail-Adressdaten bei dir hinterlassen.

Mit den umfassenden Tools von Thrive in Kombination mit KlickTipp, kannst du jetzt auch automatische Newsletter und Werbe-E-Mails erstellen. So kannst du den Sales-Funnel automatisieren und perfektionieren.

Klicktipp*
https://www.freedom-builder.de/klick-tipp

Mit einem Premium-Abo bei Klicktipp für 47 Euro im Monat erhältst du Zugriff auf eine API-Schnittstelle, die du in deine Webseite mit einbinden kannst. Diese hilft dir, verschiedene E-Mail-Listen deiner Kunden zu erstellen und zu sortieren. Damit kannst du mehrere Listen separat betreiben, ohne die Übersicht zu verlieren. Du kannst Kunden auch mit verschiedenen Tags versehen, um immer die richtige Mail an den richtigen Kunden zu senden. Dies ist gerade dann wichtig, wenn du mehrere tausend E-Mail-Adressen hast, die alle für jeweils andere Produkte infrage kommen.

Der Sales-Funnel

Das Prinzip hinter dem Funnel besteht darin, dem Nutzer regelmäßig neue E-Mails zu schicken, die ihn auf ein interessantes Produkt aufmerksam machen, zum Kauf aufrufen und ihn bei Bedarf noch einmal daran erinnern, falls er dem Aufruf nach der ersten E-Mail nicht nachgekommen ist.

Um Spam und damit einen schlechten Ruf zu vermeiden, gilt es, diese E-Mails nicht zu häufig zu verschicken. Ein gutes System kann zum Beispiel so aussehen:

Tag 1: Willkommens-E-Mail ("Vielen Dank für dein Interesse!")

Tag 4: Erste Produktvorstellung

Tag 5: Ein Reminder ("Nur noch für kurze Zeit!" etc.)

Tag 6: Ein zweiter Reminder, falls der erste ignoriert wurde

Tag 8: Ein paar gute gratis Tipps und nette Worte zwischendurch

Tag 11: Ein neues Produkt vorstellen

Tag 12: Ein Reminder

usw.

So erhältst du eine relativ gute Konversionsrate von deinen Abonnenten und kannst dein E-Mail-Marketing zeitlich planen. Durch Automatisierung können diese E-Mails dann auch zu festgelegten Zeiten mit Klicktipp verschickt werden.

Es lohnt sich auch, auf die von dir beworbenen Produkte zu achten. Wenn ein Verkäufer den Preis senkt oder eine neue Version herausbringt, kannst du das sofort groß in einem Newsletter ankündigen. Kunden reagieren häufig auf solch zeitlich begrenzte Sonderangebote, da hier wieder der Verknappungseffekt aus dem letzten Kapitel eine Rolle spielt. So ein Zeitfenster kann auch deine Konversionsrate kurzzeitig nach oben treiben.

Ein weiterer wichtiger Punkt ist es, auch wirklich wertvollen Content, statt nur reiner Produktwerbung zu liefern. Gib deinen Kunden das Gefühl, du beschäftigst dich ausgiebig mit dem Thema, welches du ihnen bietest und verschicke hier und da auch mal ein paar nützliche Tipps und Tricks. Du kannst auch eine Umfrage starten, um deine Leser noch stärker zu involvieren und mehr über ihre Bedürfnisse in Erfahrung zu bringen. Du musst als eine gute Quelle für die thematischen Informationen in Erscheinung treten. So werden deine Kunden auch häufiger deine E-Mails lesen und länger bei dir abonniert bleiben. Wenn du auch das schaffst, kannst du in Zukunft auch

Messenger-Marketing mit in dein Projekt einbinden. Damit bist du noch näher an deinen Zielgruppen und kannst noch bessere Konversionsraten erzielen.

Du musst keine ausführliche Recherche zu sehr spezifischen Themen abschließen, um gute Inhalte liefern zu können. Interessante Fakten zu aktuellen News rund um das Thema können bereits ein gutes Interesse wecken.

Wichtige Tipps und Tricks

Auch wenn der Aufbau für ein Affiliate Programm zunächst etwas umständlich erscheint, so ist dies eine der einfachsten Methoden, um dir ein passives Einkommen aufzubauen. Solange du dich an die richtigen Schritte und Strategien hältst, kannst du aber mit einem guten Umsatz rechnen.

Die richtige Nische nutzen

Hier noch einmal zur Erinnerung: Die Umsatzstärksten Nischen auf dem Markt sind Online-Marketing, Finanzen, Dating, Fitness und Diäten. Diese Bereiche gehören unter anderem zu den Grundbedürfnissen eines jeden Menschen – Geld, Freizeit, Beziehungen, Gesundheit und Aussehen. Diese Themen allein erwirtschaften rund 90 % aller Umsätze im Online-Marketing und Affiliate-Programmen.

Viel Traffic generieren

Genau wie ein Flughafen, lohnt sich ein Affiliate-Programm erst dann richtig, wenn du genug Verkehr auf deinen Kanälen hast. Mehr Besucher = mehr potenzielle Käufer. Auch die Masse an von dir genutzten Kanälen kann schnell deinen Umsatz erhöhen. Daher fixiere dich nicht der Einfachheit halber auf einige wenige Produkte in einer einzelnen Nische. Suche dir mehrere Produkte für eine Nische heraus und richte auch deinen Fokus auf mehrere Nischen.

Wer einen Online-Shop einrichten will, der kann vielleicht sein Inventar auf Sportartikel fixieren und so eine bestimmte Zielgruppe erreichen. Hier wollen wir aber so viele Produkte wie möglich bewerben, damit wir die geringeren Umsätze pro Artikel ausgleichen können.

Damit du genug Traffic auf deine Links und Seiten holst, musst du fleißig Werbung betreiben. Nutze soziale Netzwerke, Werbepartner, Landing Pages, Partnerprogramme und mehr, um deine Präsenz zu stärken und mehr Leute auf dich aufmerksam zu machen.

Alle Vorteile auf einen Blick

Du brauchst weder eigene Produkte, noch Support

Beim Dropshipping musst du dich um die Beschaffung von Waren von einem Anbieter "On Demand" kümmern. Auch wenn du keine Waren einlagern musst, bist du für die Beschaffung nach Kundenauftrag verantwortlich. Auch Feedback, welches die Waren betrifft, fällt auf dich zurück.

Bei Amazon FBA bist du auch für die Produktion und den Transport zu den Amazon-Lagern verantwortlich. Auch hier können rechtliche oder qualitative Probleme dir Kopfschmerzen bereiten.

Selbst bei der Erstellung von Webinaren musst du gezielt einen Mehrwert kreieren.

All das fällt bei der Marketingstrategie weg, da du hier nur die Produkte anderer bewerben musst. Du verdienst dein Geld nicht mit langen Kaufverträgen, sondern ganz einfach über den Nachweis, dass du für den Kauf durch den Kunden zuständig bist, also mit deinem Affiliate-Link.

Ein Affiliate-Netzwerk lässt sich relativ zügig aufbauen und hat kaum Anforderungen. Hier ist einzig und allein das Marketing der ausschlaggebende Faktor. Wenn du gut im Marketing bist, kannst du dir damit allein ein gutes Einkommen aufbauen.

Hohe Margen möglich

Produktanbieter auf Digistore24 wissen, dass ein Großteil ihrer Verkäufe durch Affiliates eingeleitet wird. Daher bieten viele auch hohe Provisionen, teilweise bis zu 50 % an. Das bedeutet, dass du für ein 100 Euro Produkt 50 Euro als Provision ausgezahlt bekommst. Dabei ist auch die Marge, also die Verkaufsspanne, die du durch diese Arbeit erhältst, enorm. Der Aufwand und die Selbstkosten sind niedrig, verglichen mit anderen Methoden des passiven Einkommens.

Wenn du dein Marketing richtig planst und die richtigen Zielgruppen erreichst, kannst du schnell eine Unmenge von Artikeln verkaufen, was sich dann schnell auf deinem Konto bemerkbar macht und dir erlaubt, alle anfallenden Kosten für dieses Unternehmen selbst zu tragen, oder gar in ein zweites Standbein zu investieren.

Die Nachteile auf einen Blick

Monatliche Kosten durch die benötigten Tools

Das größte Problem mit dieser Geschäftsidee ist die Notwendigkeit, Geld in Tools zu investieren, die dir helfen.

Du wirst kaum ein Programm oder Tool finden, das auf Marketing ausgelegt ist und dir kostenlos angeboten wird. Wenn du dann mal ein kostenloses Programm findest, ist die Qualität den Nutzen nicht wert, oder schlimmer noch, deine E-Mails landen im Spam-Ordner der Nutzer und werden nie gelesen.

Man kommt hier um einen ersten Kapitaleinsatz also kaum herum, dafür kann sich dieser aber am Ende wirklich lohnen.

Man muss beim Marketing aggressiv sein

Das schwierigste beim richtigen Marketing ist es, die eigene Denkweise abzuschalten. Du hast vielleicht auch Unmengen von Werbe-Mails, die du nicht wirklich liest oder wahrnimmst. Ein großer Werbebanner auf einer Homepage erscheint dir nervig und nutzlos. Am Briefkasten klebt vielleicht eine Notiz: "Bitte keine Werbung einwerfen!"

Unser eigenes Handeln kann dazu führen, dass wir davon ausgehen, jeder um uns herum denkt genauso und Werbung ist nicht wirklich effizient. Du wärst aber überrascht, wie viele Leute auch heute noch auf Werbung reagieren und unterbewusst solche Angebote annehmen. E-Mail-Marketing ist auch heute noch ein starkes Mittel und ist für einen Großteil der Werbeeinnahmen, neben Facebook und Co., verantwortlich.

Natürlich musst du deine Werbung so gestalten, dass potenzielle Kunden nicht durch "Werbemüll" abgeschreckt werden. Wenn du aber gezielt auf die Bedürfnisse deiner E-Mail-Empfänger eingehst, kannst du sehr effizient die richtigen Produkte anbieten und damit auch deine Kunden langfristig halten.

Diese Methode bietet dir auch einen einfachen Weg, Leads zu generieren. Leads sind in der Marketingwelt die potenziellen Neukunden, die du zu binden versuchst. Ein guter Lead bedeutet einen Neukunden zu haben, der sehr aktiv einkauft und dir einen guten Profit erwirtschaftet.

Durch die Nutzung von speziellen Landing Pages kannst du direkt gute Leads erzeugen, denn du siehst genau, worauf deine Kunden reagieren und welche Newsletter und Angebote sie interessieren. So weißt du genau, welche Produkte du mit hohen Gewinnchancen anbieten kannst.

Wenn zum Beispiel jemand sich für einen Newsletter rund ums Auto einschreibt, weißt du, dass diese Person sehr wahrscheinlich viel Interesse an allen Produkten rund ums Auto hat. So kannst du einfach die richtigen Produkte für diese Person wählen und anbieten. Landing Pages können dir so auch ein gutes Bild vom allgemeinen Interesse zu einem Thema bieten, da eine große Nachfrage so schnell sichtbar wird.

Zur Vertiefung: Nützliche Tools und Webseiten

Es gibt auch für E-Mail-Marketing und Affiliate-Programme eine unglaubliche Vielfalt an Programmen, Services und mehr, die dir dabei helfen wollen, deine Prozesse zu automatisieren und zu vereinfachen. Auch wenn alle Programme eine kostenpflichtige Mitgliedschaft verlangen, oder zum Kauf angeboten werden, sind nicht alle Produkte gleich nützlich. Einige sind zu kompliziert gehalten, andere bieten nur wenig Vielfalt bei der persönlichen Gestaltung. Andere sind nicht mehr Up-to-Date oder funktionieren nicht mit bestimmten Systemen und Internetdomains.

Daher möchte ich hier die Programme nennen, die meiner Meinung nach die einfachste Handhabung und damit die besten Chancen auf Erfolg anbieten. Natürlich möchte ich auch dabei helfen, Kapital einzusparen. Allerdings gibt es kaum ein Programm auf dem Markt, das effizient und einfach, dabei auch noch kostenlos ist. Wenn du also mit Affiliate Geld verdienen möchtest, musst du leider ein wenig in gute Systeme investieren, bevor du erste Gewinne erzielen kannst.

Damit diese Investitionen sich aber nicht zu verschwendetem Geld entwickeln, biete ich dir hier wirklich beliebte und nachhaltig wertvolle Optionen an.

Digistore 24
https://www.digistore24.com/de/home/affiliates

Digistore ist einer der besten Anbieter für sowohl digitale Produkte, als auch die dadurch möglichen Affiliate-Programme. Dabei kannst du als Affiliate kostenlos operieren, Digistore beteiligt sich mit einem kleinen Prozentsatz an den Einnahmen. Es gibt auch andere Anbieter für Affiliate-Programme, Digistore hat sich hier aber trotz des jungen Alters (gegründet 2012) als eine wahre Goldmine erwiesen.

Dies liegt teilweise an den guten Margen, die hier mit digitalen Produkten erzielt werden können und einem einfachen System, durch das du kinderleicht neue Produkte in dein Marketing mit aufnehmen kannst, sowie einer schnellen und einfachen Bezahlung deiner Dienste.

Andere Anbieter haben mehrere Voraussetzungen, die du erst erfüllen musst. So wirst du zum Beispiel bei der Anmeldung bereits nach der Anzahl der einzigartigen Nutzer gefragt, die deine Webseite besuchen. Bei Digistore kannst du jedoch ohne jegliche Anforderungen durchstarten und direkt mit deinem Marketing beginnen.

Der Allesposter
https://allesposter.de

Ich habe den Allesposter nur ganz kurz in einem der vorherigen Kapitel erwähnt, möchte hier aber noch einmal ganz genau darauf eingehen was es ist und was es dir bieten kann, denn mit dem Allesposter hast du eine ganz große Möglichkeit, deine Message schnell und effektiv einem breiteren Spektrum zu präsentieren.

Allesposter ist ein Netzwerksystem, mit dem du automatisiert Inhalte auf mehreren sozialen Netzwerken und Anbietern teilen kannst. Das heißt, wenn du Produktwerbung machst, kannst du zeitgleich ohne eigenes Zutun, die Inhalte auf Facebook, Twitter & Co teilen. Das vereinfacht dir die Produktwerbung ungemein. Diese Automatisierung bietet dir auch die Möglichkeiten, die Art des Postings sowie die Zielgruppen vorab zu definieren. So kannst du zum Beispiel auf Fanpages, verschiedenen Facebook-Gruppen, deinen eigenen Seiten und mehr, gezielt Inhalte für bestimmte Zielgruppen veröffentlichen.

Achtung Facebook-Update: Es gibt neue Richtlinien die das Thema Werbung auf Facebook betreffen, die dazu führen können, dass bei Werbung die gegen die neuen Facebook-Richtlinien verstößt, dein Account kurzzeitig oder komplett gesperrt wird. Baue dir deshalb am Besten einen neuen Account auf, welchen du nur dafür nutzt.

Du kannst den Allesposter derzeit für einmalig 97 Euro erwerben. Der Allesposter ist eine gute Ergänzung zu jeder PPC-Kampagne.

Klicktipp*
https://www.freedom-builder.de/klick-tipp

Klicktipp ist ein Service zur Automatisierung von E-Mail-Listen, dem automatischen Versenden von E-Mails an bestimmte vorher definierte Zielgruppen, dem Erstellen von festgelegten Terminen (Tag 1 E-Mail, Tag 3 E-Mail, Tag 5 E-Mail etc.) und der Verwaltung all deiner E-Mail-Adressdaten. Du kannst E-Mail-Adressen verschiedene Tags zuweisen, um einfach auf einen Blick zu wissen, welche E-Mail-Adresse an welchen Produkten interessiert ist.

So kannst du auch hunderte von Produkten schnell und effektiv an verschiedene Zielgruppen vermarkten.

Klicktipp bietet verschiedene Abo-Optionen an, dabei ist für uns aber die API-Schnittstelle das wichtigste. Diese gibt es ab dem Premium-Paket für knapp 50 Euro im Monat. Du hast hier auch eine 30-Tage Geld-zurück-Garantie, solltest du nicht damit zufrieden sein und du kannst monatlich kündigen.

Die API-Schnittstelle ist das System, welches sich leicht über einen sogenannten API-Schlüssel z.B. in Thrive Theme oder OptimizePress integrieren lässt.

Thrive Themes
https://www.thrivethemes.com

Thrive Themes bietet dir den sogenannten Thrive Architect, ein Baukasten, der auf die richtige Gestaltung und Optimierung deiner Webseite ausgelegt ist und dir dabei hilft, schnell und einfach verschiedene Seiten für deine Landing Pages, Opt-In Pages und mehr zu gestalten. Dabei hast du Zugriff auf eine große Auswahl an Vorlagen, kannst diese aber auch selbst noch individueller und gezielter gestalten.

Die verschiedenen Plugins, die du hier erhältst, bieten dir vielfältige Anwendungsmöglichkeiten. Du kannst Blogposts erstellen, Landing Pages generieren, Countdown-Timer und Sonderangebote einfügen, Leads generieren, Sales-Pages gestalten und noch mehr. Auch wenn du einzelne Plugins anfordern kannst, finde ich, dass es am Ende lohnender ist, wenn du von Anfang an ein Abo abschließt, das zwar zunächst in die Tasche geht, dich dann aber für jegliche Expansionen vorbereitet.

Ein Abo bei Thrive Themes kostet jährlich knapp 250 Euro. Wenn dein Geschäft erst einmal läuft, sind diese Preise mehr als hinnehmbar. Für den Anfang ist unser Kapital jedoch relativ begrenzt. Es gibt verschiedene Abo-Modelle. Welches Abo für dich besser klingt, musst du selbst entscheiden. Ich selbst finde, 250 Euro lohnen sich auf jeden Fall für ein System, welches du wahrscheinlich deine ganze Karriere lang nutzen wirst.

Viral Mailer

Hier noch ein nützliches Hilfsmittel für dein Vorhaben: Sogenannte Viral Mailer.

Ein Viral Mailer ist ein Netzwerk, in dem sich Mitglieder gegenseitig E-Mails mit Werbung, Landing Pages und mehr zuschicken können. Das bedeutet, du kooperierst mit anderen Werbetreibenden und ihr helft euch gegenseitig dabei, neue Nutzer für euer eigenes Vorhaben zu gewinnen.

So ein System kann sehr effektiv sein, denn ganz nach dem Prinzip "Eine Hand wäscht die andere" kannst du hier viel Unterstützung für dein Vorhaben gewinnen, wenn du bereit bist, anderen ebenso zu helfen.

Dabei bieten Viral Mailer sowohl kostenlosen Service mit gewissen Beschränkungen, als auch ein kostenpflichtiges Abo mit Vorteilen an.

Es lohnt sich auf jeden Fall, zunächst kostenlos das Potenzial zu testen und dann gegebenenfalls in ein Abo zu investieren, wenn dir diese Form des Viral Marketing hilft, denn es bietet dir ganz einfach neue potenzielle Kunden für deine Kampagne an.

Profimail
https://profimail.info

Nach Anmeldung kannst du bei Profimail 500 E-Mails verschicken. Wenn du diese aufgebraucht hast, kannst du alle 120 Stunden (5 Tage) weitere 500 E-Mails verschicken.

Weiterhin bietet Profimail 4 verschiedene Mitgliedschaften an. Die günstigste Mitgliedschaft kostet dich 47 Euro im Jahr und reduziert die Wartezeit zwischen E-Mails auf 2 Tage, während du deine E-Mails an alle Mitglieder schicken kannst. Eine Elite-Mitgliedschaft kostet stolze 698 Euro im Jahr, erlaubt aber, E-Mails dreimal täglich an alle Mitglieder zu verschicken. Diese möchte ich aber an dieser Stelle erst einmal nicht empfehlen.

Maximails
https://maximails.de

Ein weiterer Viral-Mail Anbieter ist Maximails. Auch hier werden dir zunächst 500 kostenlose E-Mails für deine Kampagnen gewährt. Dieser Schritt ist ideal, um ohne eigenen Aufwand bei der Sammlung von E-Mail-Adressen schon erste Kunden erreichen zu können.

Maximails erneuert dein "E-Mail-Budget" alle 96 Stunden, sodass du erneut 500 E-Mails verschicken kannst.

Für 10 Euro im Monat kannst du diese Wartezeit auf 2 Tage reduzieren. Die zweite Variante kostet 30 Euro im Monat, erlaubt dir aber, zweimal täglich E-Mails an alle Mitglieder zu verschicken.

Facebook Ads Anleitung 2.0 von Nico Lampe*

Unverschämt günstig und der Kickstart für dein Affiliate Business! Er ist perfekt für alle Affiliate Einsteiger. Du lernst wie du ohne eigene digitale Produkte und ohne eigene Website, deine ersten Einnahmen im Affiliate Marketing machst. Der Kurs von Nico ist nicht nur einer der günstigsten Kurse die ich je gekauft habe, er ist auch weit mehr als der Name sagt. Du lernst also nicht nur in super ausführlichen Videos, wie du Schritt für Schritt die besten Facebook Werbeanzeigen schaltest, er zeigt dir auch gleich noch in einem Live-Experiment, wie du deine ersten Provisionen durch Produktempfehlungen machst und danach deine Anzeigenkosten so weit reduzierst, dass sie sprichwörtlich zur Gelddruckmaschine werden. Ein besseres Preis-Leistungs-Verhältnis halte ich derzeit für komplett ausgeschlossen!

Schau ihn dir unbedingt an:*
www.freedom-builder.de/facebook-ad-kurs

GRAMSTAR | Die Instagram-Business Community von Leon Weidner*

Mit GRAMSTAR lernst du wie du nur mit Instagram und deinem Smartphone Geld verdienst, ohne dich vor der Kamera zeigen zu müssen.

Leon ist gerade einmal 23 und war bis vor Kurzem noch dualer Student. Er hat es neben seinem Studium innerhalb von 11 Monaten von 0 Euro auf über 10.000 Euro monatlichen Nettoverdienst geschafft.

Wie er das gemacht hat, teilt er in seinem neuen Kurs GRAMSTAR mit einer stetig wachsenden und zufriedenen Community.

Leon zeigt dir, wie du dir schon mit wenigen Followern einen Nebenverdienst aufbauen kannst. Und das schon mit 100, 200 oder 300 Abonnenten. Der Kurs ist sowohl für absolute Einsteiger als auch für Fortgeschrittene geeignet. Schritt für Schritt lernst du Leons beste Strategien und Tools kennen, um von überall auf der Welt nur mit deinem Smartphone Geld zu verdienen.

Du erhältst außerdem fertige Vorlagen für deinen eigenen Channel und wirst Teil einer einzigartigen Community. Der Kurs wird fortlaufend mit neuen Strategien erweitert und regelmäßig aktualisiert!

Hier kannst du dir GRAMSTAR zum aktuellen Einführungspreis von NUR 17 Euro sichern:*
www.freedom-builder.de/gramstar

Diese und noch einige weitere Links findest du, übersichtlich sortiert nach Thema, auf der Webseite zum Buch unter:
www.freedom-builder.de/passives-einkommen

Die Zusammenfassung

Affiliate Marketing kann ein sehr leicht umsetzbarer Prozess sein, für den du zwar anfangs Startkapital benötigst, aber dafür relativ wenig Arbeit investieren musst. Anfangs baust du dir das System zwar manuell auf, es wächst aber mit der richtigen Werbung organisch und durch automatisierte Abläufe, bei denen du nur wenige Änderungen vornehmen musst, hast du deine E-Mail-Listen jederzeit auf dem neuesten Stand. Das bedeutet, dass deine Kunden automatisch durchgehend mit neuer, passender Werbung versorgt werden und sich deine Gewinnspanne zusehends nach oben hin verändert.

Damit du von Anfang an ein funktionierendes System aufbauen kannst, musst du auf verschiedene Tools und Dienstleistungen zugreifen, die Anfangs noch teuer erscheinen, sich aber im Laufe deiner Karriere als sehr nützlich erweisen werden und auch preislich dann keine Rolle mehr spielen.

Eine Domain kannst du schon ab 5 Euro im Monat erwerben, teilweise sogar noch günstiger. KlickTipp schlägt mit knapp 50 Euro zu Buche und hilft dir dafür bei der Automatisierung deiner E-Mail-Listen und Leads. ThriveTheme ist die Rundumlösung für den Aufbau deiner Webseite, sowie aller Landing Pages, die Besucher in Kunden verwandeln und ist für ca. 20 Euro monatlich zu haben. Der Allesposter für knapp 100 Euro hilft dir bei der Optimierung deines Facebook-Marketings, um durch Social-Marketing Neukunden zu gewinnen. Für Marketing via Facebook PPC und anderer Anbieter solltest du auf jeden Fall 100 Euro im Monat einplanen. Damit liegen wir bei ungefähr 275 Euro für den Einstieg in das Affiliate-Geschäft.

Wie lange dauert es, bis zu den ersten Einnahmen

Sobald dein System aufgebaut ist, kannst du bereits erste Einnahmen verbuchen. Das hängt stark davon ab, wie viel Zeit du mit dem ersten Aufbau deiner Seiten verbringst, wie lange du brauchst, um ein Produkt zu finden, welches du bewerben möchtest und wie effektiv du deine Affiliate-Links vermarktest.

Du kannst schon im ersten Monat mit Einnahmen rechnen, wenn du alle Kanäle, wie Viral Mails und PPC Kampagnen ausschöpfst. Wenn ein Produkt nur wenige Gewinne abwirft, schmeiß aber nicht gleich das Handtuch. Sortiere es aus und nimm ein anderes Produkt dafür. Wenn du das richtige Produkt an die richtige Zielgruppe schickst, kannst du schnell genug Einnahmen verdienen.

Dabei ist nur eines zu beachten: Der Affiliate-Markt schwankt sehr, reagiert auf Trends und Marketingstrategien. Es gibt Leute mit einem Einkommen von über 10.000 Euro monatlich. Es gibt aber auch viele, die gerade einmal 10.000 Euro im Jahr einnehmen. Es ist daher wichtig, am Ball zu bleiben. Auch wenn du dir ein rein passives Einkommen wünscht, bei dem du überhaupt nichts mehr tun musst, so ist es dennoch unverzichtbar, dass du regelmäßig deine Werbekampagnen auf den neuesten Stand bringst, sich schlecht verkaufende Produkte aussortierst und neue suchst.

Wenn du aber deine Leads stets im Blick behältst und auf sich verändernde Bedürfnisse deiner Kunden achtest, dann kann Affiliate Marketing dir aber auch über die Jahre hinweg noch ein lohnendes Einkommen bescheren.

BONUSKAPITEL: AIRBNB

BONUSKAPITEL: AIRBNB

Airbnb ist ein Service, der 2008 in den USA gegründet wurde und sich in den letzten 10 Jahren zu einem wahren Trend entwickelt hat. Airbnb dient als ein Marktplatz für Unterkünfte und macht durch seine enorme Popularität und einfacher Nutzung vielen Hotels weltweit große Konkurrenz.

Mit Airbnb kannst du dir praktisch betrachtet als Vermieter ein passives Einkommen generieren, ohne dabei selbst eine Immobilie besitzen zu müssen!

Da Airbnb aber ein sehr umfassendes Thema ist und es da einen wirklich hervorragenden Kurs von Bastian Barami gibt, den ich dir wirklich empfehlen kann, möchte ich mich bei diesem Thema etwas kürzer halten.

So funktioniert es: Schritt für Schritt erklärt

Das Konzept sieht folgendermaßen aus: Wir mieten uns eine Wohnung, die wir dann bei Airbnb weiter vermieten. Wir wohnen also selbst nicht darin, verdienen so aber Mieteinnahmen.

Damit sich dieses Geschäft lohnt, müssen wir bei der Preiskalkulation natürlich auch die Mietkosten unseres Vermieters berücksichtigen. Weiterhin müssen wir den Vermieter von unserem Vorhaben überzeugen, dies lässt sich aber ganz leicht mit den richtigen Argumenten realisieren. Schließlich geht es dem Vermieter auch in erster Linie darum, seine Immobilie zu vermieten und dadurch Einnahmen zu erzielen.

Wir müssen auch rechtliche Themen und Versicherung der Immobilie mit berücksichtigen, denn wenn durch unser Airbnb Programm Schäden entstehen, sind wir in den Augen des Vermieters für Schadensersatz verantwortlich.

Hier also eine Kurzübersicht zum Ablauf des Airbnb Business.

Die passende Immobilie suchen

Auch wenn du nach Bastian Barami's Kurs in der Lage bist, überall auf der Welt eine Immobilie zu erwerben und für Airbnb vorzubereiten, so solltest du dich für dein erstes Vorhaben auf eine Immobilie fixieren, die in deiner Nähe liegt. So kannst du bei Bedarf auch selbst physisch anwesend sein und gegebenenfalls reagieren, falls etwas nicht nach Plan läuft.

Bei der richtigen Immobilie spielt dic Location eine große Rolle. Touristengebiete sind generell besser ausgebucht, als abgelegene Dörfer. Wenn große Veranstaltungen in eine Stadt ziehen, lockt das auch viele Teilnehmer, die dann eine passende Location suchen, um für die Dauer in der Stadt zu bleiben. Hotels rücken hier zusehends in den Hintergrund.

Mit dem Vermieter verhandeln

Gerade ältere Leute sind eher misstrauisch, wenn es um solche Konzepte wie die Vermietung an Dritte über eine Onlineplattform geht. Bastian liefert aber jede Menge guter Gründe, die auch den härtesten Vermieter zu einer Kooperation überreden können.

Die Versicherung und rechtliche Dinge klären

Hierbei geht es darum, im Schadensfalle, auch wenn dieser eher selten ist, die richtigen Schritte einleiten zu können. Der Vermieter will entschädigt werden und auch du möchtest nicht auf den Kosten sitzen bleiben. Airbnb bietet hier auch finanzielle und vertragliche Unterstützung, damit deine Mieter kein Chaos hinterlassen.

Die Wohnung richtig einrichten

Sofern du keine bereits fertig eingerichtete Wohnung hast, musst du Kapital zur Verfügung haben, um eine passende Einrichtung bereitstellen zu können. So etwas lässt sich bereits mit 2000-3000 Euro umsetzen.

Der Teufel steckt im Detail: Bastian verrät auch gleich alle Tricks, mit denen er selbst seine Immobilien gestaltet, um schon auf der Airbnb Seite die Führung zu übernehmen. Er richtet sich dabei stark an dieselben Methoden, die auch Hotels für ihre Vermarktung nutzen.

Bei Airbnb anmelden und dein Profil tunen

Das Profil ist dein Aushängeschild und muss deinen zukünftigen Mietern genauso zusagen, wie die von dir angebotenen Immobilien.

Das Listing erstellen

Genau wie ein Produktartikel bei Amazon, muss das Listing für die Immobilie richtig gestaltet sein, um Mieter anzulocken. Bastian legt hier sehr großen Wert auf die richtigen Fotos, denn neben guten Bewertungen (die später folgen) sind die richtigen Fotos entscheidend für eine erfolgreiche Vermietung. Er zeigt in seinem Kurs auch an seiner Beispielwohnung genau, worauf es dabei ankommt.

Property Management

Schlüsselübergabe und Reinigung wollen vorher geplant sein. Es gibt mittlerweile für alles einen eigenen Service, den du schnell und einfach buchen kannst. In Großstädten gibt es selbst sogenannte Drop-Offs für die Schlüssel, elektronisch gesicherte Schlüsselkästen, in denen Vermieter und Mieter die Schlüssel hinterlegen können. So müssen sich Vermieter und Mieter nicht persönlich für die Übergabe treffen.

Preisfindung und Konkurrenzanalyse

Die Preisfindung ist ein weiterer Aspekt, bei dem du die richtige Balance finden musst, um sowohl deine Wohnung auszubuchen, als auch die an den Eigentümer zu entrichtende Miete zahlen zu können. Zum Thema Preisfindung verrät Bastian, worauf er bei seiner Konkurrenz achtet und wie er den Mietpreis mit der Auslastung balanciert, um sowohl gute Einnahmen zu erzielen, als auch auf dem Markt stets mehr als konkurrenzfähig zu bleiben.

Gästekommunikation

Es ist wichtig, dass deine Gäste sich in deinen 4 Wänden wohlfühlen. Daher sollten Wünsche und Bedürfnisse schon vorab geklärt werden. Auch die Hausregeln sollten von Anfang an deutlich sein, sodass dort keine Probleme entstehen.

Gute Bewertungen bekommen

Leider sind wir alle oft zu vergesslich, wenn es um Dinge geht, die wir als erledigt abgehakt haben. Daher kann es passieren, dass Gäste, die mit deiner Wohnung wunschlos glücklich waren, am Ende vergessen, eine dementsprechende Bewertung abzugeben. Dann musst du den Gast darum bitten, dem nachzukommen, damit auch zukünftige Gäste sich einen Eindruck von deiner Leistung machen können.

Wichtige Tipps und Tricks

Angebot und Nachfrage im Blick behalten

Informiere dich darüber, ob in deiner bevorzugten Stadt eine Nachfrage herrscht. Halte Ausschau nach Events, Messen, Konzerten und anderen zeitlich begrenzten Aktivitäten, die für hohe Ströme an Gästen sorgen können. Auch Urlaubsziele können viele Gäste anziehen. So lässt sich ein Haus am See besser vermarkten, als eine 1-Zimmer Wohnung mitten im Nirgendwo. In seinem Kurs zeigt Bastian seine eigene Location und erklärt genau, warum er diese gewählt hat und worauf es ihm bei der Wohnungssuche ankommt.

Stecke Liebe in die Einrichtung

Sowohl moderne, als auch themenbasierte Einrichtung ist hoch gefragt, daher bietet dieser Aspekt dir jede Freiheit bei der Gestaltung der Einrichtung. Dabei kommt es aber auf Liebe zum Detail an. Gerade wenn du Fotos für deine Airbnb Seite machst, kann eine schicke Einrichtung schnell von der Qualität deiner Wohnung überzeugen und lässt sich um ein vielfaches leichter vermarkten. Auch Schilder, zum Beispiel "Bitte nicht rauchen", können Gäste überzeugen, dass du großen Wert auf Sorgfalt legst.

Professionelle Fotos sind das A und O

Ein professionelles Foto, wie aus einem Einrichtungskatalog, sieht viel einladender aus, als ein mit einer Handykamera aufgenommenes Foto bei schlechtem Licht. Würde ich dir 2 Wohnungen anbieten, eine sieht aus, wie Omas Wohnstube, die andere erweckt den Eindruck, du würdest ein 5-Sterne Hotel buchen, für welche würdest du dich entscheiden? Richtig!

Mit Sonderleistungen überzeugen

Kleine Zusatzleistungen, wie kostenloses Wi-Fi, Netflix, USB-Speaker oder USB-kompatible Steckdosen (Gäste aus dem Ausland haben unter Umständen keine deutschen Netzteile!) können das Häubchen auf der Sahnetorte sein und Gäste zusätzlich zufrieden stellen. Dies macht sich am Ende vor allem in der Bewertung bemerkbar!

Alle Vorteile auf einen Blick

Kein hohes Risiko

Die Kündigungsfrist ist in der Regel 3 Monate, daher kannst du die Wohnung ganz leicht wieder zurückgeben. Der Airbnb Service ist leicht zu verwenden und erlaubt eine einfache Kommunikation zwischen Vermieter und Gast, schlechte Gäste sind eine Seltenheit. Zusätzlich versichert Airbnb die Immobilie mit bis zu 800.000 Euro, du bist von Airbnb mit bis zu 1 Million US-Dollar haftpflichtversichert, sollten Gäste sich verletzen oder anderweitig Schadensersatzforderungen stellen.

Du kannst dir Unterkünfte auf der ganzen Welt erschaffen

Du kannst schon mit 2 bis 3 Wohnungen ohne weiteres von dem Geschäftsmodell gut leben und hast alle Zeit der Welt um herum zu reisen. Stell dir vor, du hast in Traumstädten wie Lissabon oder in Ländern wie Thailand, eigene Wohnungen, in welchen du kostengünstig leben kannst. Dieses Geschäftsmodell ist eine wunderbare Kombination aus Online-Marketing und der realen Welt.

Die Nachteile auf einen Blick

Relativ hohe Kosten beim Start

Da du unter Umständen die Wohnung erst einrichten musst, hast du hier bis zu mehrere Tausend Euro für die Ersteinrichtung aufzubringen. Daher ist Airbnb nichts für kurzfristige Geschäftsideen und ungeplante Spontanentscheidungen. Auch wenn die Einrichtungskosten nur einmalig pro Wohnung anfallen und sich schnell über die Mieteinnahmen wieder ausgleichen lassen, kann dies für einige den Einstieg erschweren.

Es funktioniert nicht überall gleich gut

Auch wenn sich Airbnb leicht umsetzen und weltweit einrichten lässt, funktioniert es nicht überall gleich gut. Abgelegene Ortschaften ohne viel Aktivität locken eher Naturalisten an und sind daher ein seltener besuchtes Reiseziel.

Mit Airbnb um die Welt – Der Kurs von Bastian Barami*

www.freedom-builder.de/airbnb-kurs

Wenn du wirklich an Airbnb interessiert bist, kann ich dir den Kurs von Bastian Barami nur empfehlen.

Er bietet dabei keinen trockenen Grundkurs an, ohne dabei seine Geschäftsgeheimnisse preiszugeben. Er nimmt dich mit auf die Reise zu seiner ersten Airbnb-Wohnung und zeigt dir jeden Schritt ganz genau, von den Verhandlungen mit dem Vermieter bis hin zur Schlüsselübergabe mit den ersten Gästen.

Er hat seinen Kurs dabei wirklich hervorragend strukturiert und bietet in 14 Kapiteln eine genaue Einsicht in alle wichtigen Fakten. Auch seine eigenen Zahlen legt er dabei offen. Schwarz auf Weiß siehst du all seine Einnahmen und auch die Ausgaben, die er dafür anfangs aufbringen musste.

Dabei sind über 10 Stunden Filmmaterial in exzellenter Qualität entstanden, die dir mehr helfen können, als jedes Buch. Er bietet dir alle nützlichen Tools, Tricks und Kniffe, um schon deine erste Immobilie zu einem Erfolg zu machen. Wie weit du wächst, liegt dann ganz daran, wie viel Aufwand du in zusätzliche Immobilien steckst.

Bastian hat sich ein wirklich beeindruckendes Unternehmen aufgebaut und lässt klassische Vermieter meiner Meinung nach ziemlich alt aussehen. Und das, mit nur einem Bruchteil des Einsatzes eines traditionellen Immobilienhändlers.

Sein Kurs freut sich sehr großer Beliebtheit und hat seit dem Start in 2018 bereits tausende Teilnehmer für sich gewonnen. Er hat es sogar zu ProSieben und N24 geschafft!

Ich habe jetzt zu jedem Thema versucht, so kostengünstig wie es geht einen Einstieg ins passive Einkommen zu ermöglichen. Aber Airbnb ist ein Thema, welches Bastian einfach besser versteht und auch viel besser erklären kann. Daher möchte ich dir seinen Kurs wirklich zu Herzen legen und hoffe, dass du damit den Erfolg findest, den du auch hier im Buch gesucht hast.

Der Kurs hatte einen Einführungspreis von 297 Euro, aufgrund seiner Beliebtheit kostet er inzwischen über das Doppelte. Dies ist aber eine Investition, die dich für den Immobilienmarkt rüstet und dir den Einstieg ungemein erleichtert. Und wenn du unzufrieden sein solltest, so bietet er dir eine Geld-zurück-Garantie an.

Die Zusammenfassung

Auch Airbnb kann eine wirklich nützliche Einkommensquelle sein, wenn du alles richtig anstellst. Immobilien werden durch den Service versichert, Zahlungen sind verifiziert, die Nutzung ist leicht und den Preis bestimmst du selbst. Damit du für den Wettbewerb und die Wohnungssuche bei Airbnb gerüstet bist, lohnt sich die Investition in Bastians Kurs, denn er versteht seine Materie wie kein Zweiter und kann dir jeden Aspekt ganz genau zeigen und erklären.

Sein Erfolg spricht für sich. Er bietet zahlreiche Informationen zu allen Aspekten dieser Geschäftsform und kann dir alles, von den richtigen Reinigungsfirmen bis hin zu Problemlösungen präsentieren. Er geht bei jedem Kapitel sehr ins Detail und hat einen wirklich großen Aufwand bei seiner Case-Study betrieben.

Auch wenn das Kapitel zu Airbnb nur als kleiner Zusatz gedacht war und ich bei weitem nicht so viel zu dem Thema schreiben kann (sowohl Erfahrungsweise, als auch um Bastians Kurs nicht zu untergraben), so hoffe ich doch, dass ich dir damit eine weitere Tür zur Selbstständigkeit anbieten konnte, die dich aus dem grauen Alltag herausholen und dir eine neue Lebenseinstellung bieten kann.

SCHLUSSWORT

SCHLUSSWORT

Dank des Internets gibt es inzwischen schier unendlich viele Möglichkeiten, sich Online ein passives Einkommen aufzubauen. Viele der Möglichkeiten eignen sich jedoch nicht gut, um sie zu skalieren und davon gut leben zu können oder erfordern eine Menge Startkapital. Wiederum andere Methoden lassen sich nur schlecht automatisieren, was dem Gedanken des passiven Einkommens widerspricht. Dann gibt es auch noch solche passiven Einkommensströme, die nennen sich, „vermiete dein Auto in der Zeit wo du es nicht nutzt", Snappcar falls es dich interessiert. Dies finde ich auch wieder schwierig, erstens bringt ein einziges Auto nur wenige Einnahmen und zweitens bist du ortsgebunden, das heißt du brauchst einen Wohnsitz und ein Auto und im schlimmsten Fall musst du auch noch jedes Mal bei der Schlüsselübergabe dabei sein. Das gestaltet das Arbeiten bzw. Geld verdienen von überall auf der Welt schwierig, könnte dir jedoch zu Beginn etwas mehr Startkapital verschaffen.

Wie in der Einleitung schon erwähnt, ist es mir bei den beschriebenen Methoden in diesem Buch besonders wichtig, dass:

- du keine besonderen Fähigkeiten oder Abschlüsse brauchst
- du dir fehlendes Wissen in kurzer Zeit selbst aneignen kannst
- du keinen festen Wohnsitz brauchst
- du fast alles automatisieren kannst, durch Tools oder virtuelle Assistenten und dadurch wenig Zeit investieren musst, sobald dein Geschäft angelaufen ist

- du mindestens 5-stellige, aber auch 6-stellige jährliche Gewinne innerhalb von 1 bis 3 Jahren generieren kannst

Ich hoffe, dass ich dir gerade deshalb mit den hier beschriebenen Methoden den Einstieg erleichtern und bei der Entscheidung helfen kann, welche für dich die am besten geeignetste ist.

Versuche mittelfristig auf mehrere Pferde gleichzeitig zu setzen, damit du auf Dauer nicht abhängig von einer Plattform oder einem Konzern bist. Gerade während ich diese letzten Worte für dich schreibe, habe ich die Info bekommen, dass der Merch Account eines guten Bekannten gesperrt wurde. Seine monatlichen Gewinne befanden sich dort im mittleren 4-stelligen Bereich. Zum Glück hat er aber in den letzten Monaten damit begonnen seine Shirts auch auf Spreadshirt & Co zu veröffentlichen und er kann somit weiterhin gerade noch so von seinen Einnahmen leben.

Wenn ich damals das Wissen von heute gehabt hätte, würde ich wie folgt vorgehen:

1. Richtiges Mindset schaffen, Buchtipps dazu findest du auf meinem Blog und weitere unbezahlbare Tipps in der gratis Download-Beigabe dieses Buches

2. Grundlagen schaffen, sprich Gewerbeanmeldung, Geschäftskonto etc.

3. Anmeldung bei Merch, da dies sehr lange dauern kann

4. Facebook Ads 2.0 Kurs kaufen, da dies die einfachste und schnellste Methode für den Anfang ist: Zusätzliches Startkapital durch den Vertrieb digitaler Produkte, per Affiliate Marketing, jedoch ohne eigene Website, generieren

5. Teemoney-Kurs kaufen und erste Designs bei den anderen Print-On-Demand Plattformen hochladen, bis Merch freigeschaltet ist

6. Ebooksmartstart Kurs kaufen, bei KDP anmelden und vier bis fünf Bücher veröffentlichen

7. Die Blackbox kaufen, E-Mail Liste aufbauen und das Affiliate Marketing weiter automatisieren.

8. Mit den Gewinnen der Shirts, den Büchern und des Affiliate-Marketings physische Produkte über FBA launchen.

9. Umziehen und meine alte Wohnung über Airbnb vermieten.

10. All die gewonnene Erfahrung und das gesamte Wissen in Online-Kursen an andere weitergeben.

11. Optimieren, skalieren, delegieren und automatisieren.

12. Finanziell frei leben, ortsunabhängig arbeiten, meiner Passion folgen und Gutes tun.

Solltest du das Buch noch nicht komplett gelesen haben, wirst du jetzt wahrscheinlich bei den 12 Punkten einige Fragezeichen über dem Kopf haben. Das ändert sich jedoch, sobald du alles gelesen hast. Der aufmerksame Leser wird sich jetzt außerdem fragen, „Warum steht da nichts von Dropshipping?" Obwohl einige Bekannte sehr erfolgreich in diesem Bereich sind, bin ich persönlich mehr überzeugt von FBA, das ist der einzige Grund. Ob dieser Weg für jeden geeignet ist oder der beste Weg ist, kann ich natürlich nicht für dich beantworten. Gerade der Fokus auf nur einen Bereich kann viele Vorteile haben, insbesondere viel schnelleres Wachstum, da man sich nicht ständig in neue Themen einarbeiten muss. Der Nachteil ist und bleibt jedoch, dass man von einer Quelle abhängig ist. Auf jeden Fall hoffe ich, du findest den für dich passenden Weg und hast langfristig viel Freude und großen Erfolg damit.

Ich bedanke mich, dass du mein Buch bis hierhin gelesen hast und ich hoffe du konntest viel für dich mitnehmen. Solltest du Fragen haben, sende mir diese an **passiv@freedom-builder.de**. Ich werde mein Bestes geben, alle Fragen per E-Mail oder in meinem Blog **www.freedom-builder.de** zu beantworten.

Noch eine Sache die mir sehr am Herzen liegt. Ich weiß, Geld lockt und verschafft dir mehr freie Zeit, aber vergesse deine Berufung nicht und vergesse nicht etwas von deinem gewonnenen Gut an die Welt zurück zu geben. Das macht glücklich und die Welt zu einem besseren und lebenswerteren Ort.

Ich wünsche dir von ganzem Herzen alles Gute und viel Erfolg.

HAFTUNGSAUSSCHLUSS

Der Inhalt dieses E-Books wurde mit großer Sorgfalt geprüft und erstellt. Für die Vollständigkeit, Richtigkeit und Aktualität der Inhalte kann jedoch keine Garantie oder Gewähr übernommen werden. Der Inhalt dieses E-Books repräsentieren die persönliche Erfahrung und Meinung des Autors und dient nur dem Unterhaltungszweck. Der Inhalt sollte nicht mit medizinischer oder juristischer Hilfe verwechselt werden. Der Inhalt sollte auch nicht mit einer Anlage oder Finanzberatung verwechselt werden. Es wird keine juristische Verantwortung oder Haftung für Schäden übernommen, die durch kontraproduktive Ausübung oder durch Fehler des Lesers entstehen. Es kann auch keine Garantie für Erfolg übernommen werden. Der Autor übernimmt daher keine Verantwortung für das Nichterreichen der im Buch beschriebenen Ziele. Dieses E-Book enthält Links zu anderen Webseiten. Auf den Inhalt dieser Webseiten haben wir keinen Einfluss. Deshalb kann auf diesen Inhalt auch keine Gewähr übernommen werden. Die verlinkten Seiten wurden zum Zeitpunkt der Verlinkung auf mögliche Rechtsverstöße überprüft. Für die Inhalte der verlinkten Seiten ist aber der jeweilige Anbieter oder Betreiber der Seiten verantwortlich. Rechtswidrige Inhalte konnten zum Zeitpunkt der Verlinkung nicht festgestellt werden. Die genannten Preise der verschiedenen Tools und Kurse spiegelt den Stand der Preise bei der Veröffentlichung des Buches wider. Für Preisänderungen gibt es keine Gewährleistung. Dieses Buch enthält auch sogenannte Affiliate-Links. Diese sind mit einem (*) gekennzeichnet. Wenn du über einen Affiliate-Link einkaufst, bekomme ich von dem betreffenden Online-Shop oder Anbieter, wie zum Beispiel Digistore24, eine Provision. Für dich verändert sich der Preis dabei nicht.

IMPRESSUM

© Daniel Weiss 2019
1. Auflage
Alle Rechte vorbehalten.
Nachdruck, auch auszugsweise, verboten.
Kein Teil dieses Werkes darf ohne schriftlich Genehmigung des Autors in irgendeiner Form reproduziert, vervielfältigt oder verbreitet werden. Vertreten durch: Daniel Rupp, Robert-Schuman-Str. 1a, 65197 Wiesbaden
Covergestaltung: Daniel Weiss

Notizen:

NOTIZEN

Notizen:

NOTIZEN

Printed in Germany
by Amazon Distribution
GmbH, Leipzig